Vorwort

Was wäre wohl aus Breitbrunn am Ammersee geworden, wenn der Kini, der Märchenkönig, dort auf dem Jaudesberg tatsächlich noch ein Schloss gebaut hätte? »Möwe« nannte er die von ihm umschwärmte Cousine, die Kaiserin Sisi von Österreich. Sie adressierte ihre romantischen Gedichte für ihn an den »Adler«. Zu geheimnisvollen Rendezvous trafen sie sich auf der Roseninsel im Starnberger See. Er ist der »Fürstensee«, königliche Lustschiffe glitten hier zu barocken Festivitäten übers Wasser. Der Ammersee ist der »Bauernsee«. Nicht Schlösser prägen die Kulisse am Ufer, sondern Dörfer mit ihren Kirchen.

Starnberger See, Ammersee, Wörthsee, Pilsensee und Weßlinger See – das ist das oberbayerische Fünfseenland. Geliebte Heimat seiner liebenswürdigen Bewohner. Die Zuagroastn, so die Regel, gehören nach 30 Jahren dazu. Die Landschaft ist Magnet für die Münchner und Augsburger. Und für die Urlauber sowieso. Schon immer haben Berühmtheiten hier gelebt. Thomas Mann, Heinz Rühmann, die Fußball-Könige des FC Bayern München, Loriot. In Possenhofen ist Sisi aufgewachsen. Auch sie liebte die einzigartigen Osterseen südlich von Seeshaupt. Die Seen vor dem Wetterstein- und Karwendelgebirge, gebettet in fröhliche, sanfte und gefällige Natur, haben Heiteres. Das macht das Fünfseenland so unvergleichlich. Hinzu kommen seine pittoresken Orte, seine Geschichte und Mythologie.

Wir haben 111 spannende und faszinierende Orte besucht, die auch Sie kennenlernen sollten. Wissen Sie, wo Bertolt Brecht an der Dreigroschenoper schrieb? In welchem Schloss das beste Kino Deutschlands ist? Was in der Schweinderl-Bucht abgeht? Wo Deep Purple im Wohnzimmer Konzerte gaben und eine spleenige Brauerei-Erbin weiße Hirsche ansiedeln ließ? Das Fünfseenland ist viel mehr als Ferien-Traumland, als Seglerparadies, als Bier und Brotzeit am Wasser vor Bergpanorama. Unbekanntes und Geheimnisvolles gibt es zu entdecken.

111 Orte

1 Das Froschgartl

Strandbad und Treffpunkt am Feierabend

Motorradfahrer machen hier einen Stopp auf ihrer Tour um den See. Radfahrer erfrischen sich, bevor sie weiter Richtung Herrsching oder Weilheim strampeln. Berufstätige stoßen zu ihren Familien, wenn sie es rechtzeitig aus dem Büro geschafft haben. Dann wird am Ufer Picknick gemacht, oder man trifft sich am Kiosk von Rothraut Falk. Kenner kommen von Dießen mit dem Boot über den See, um vom Ostufer aus den Sonnenuntergang zu fotografieren. Das Froschgartl ist Strandbad und Biergarten. Ist Ferien-Oase oder zwei Stunden Urlaub am Feierabend. Wasserschlachtgebiet und verwunschene Leseecke. Alles ist möglich, groß genug ist das Gelände. Der Uferbereich mit Liegewiese erstreckt sich über einen halben Kilometer. Wer genug von der Sonne hat, dem spenden alte Buchen, Ahornbäume und Eichen Schatten. Badeschuhe sind wegen der Steine nicht verkehrt. Vom Parkplatz führt ein Tunnel unter der viel befahrenen Straße aufs Gelände.

Wie sich das gehört für ein Froschgartl: Frösche gibt's reichlich. Große, kleine. Langbeinige, o-beinige. Froschkönige natürlich auch. Wirtin Rothraut Falk sammelt Frösche, solange sie denken kann. Seit sie den Imbiss mit 120 Plätzen im Biergarten übernommen hat, vermehren sich die Tiere in ungeahntem Maße. Gäste bringen welche mit, und entdeckt sie selbst ein originelles Exemplar, kann sie auch nicht widerstehen. Geküsst hat sie noch keinen. Der Renner am Kiosk ist der Froschburger »mit allem außer Frosch«. Vor allem mit viel Jalapeños.

Vom Froschgartl aus führt der Promenadenweg am Ufer entlang bis Herrsching. Man kommt an der Weißen Säule vorbei (siehe Seite 84). An angeschwemmtem Totholz und Badestegen im Schilf. Gelegentlich erhält man Einblick in Villengrundstücke und ahnt, dass die Besitzer wohl auch Vermögensverwalter bezahlen. Hinter Schloss Mühlfeld erreicht man den Hafen des Herrschinger Segelclubs. Bis hierhin sind es fünf Kilometer.

Adresse an der Straße zwischen Wartaweil und Aidenried, 82396 Pähl-Aidenried, Tel. 08152/2489 | **Anfahrt** von der A 96 (Ausfahrt Oberpfaffenhofen) nach Herrsching und Richtung Weilheim, nach dem Flecken Wartaweil auf der rechten Seite, Parkplatz oberhalb im Wald | **Öffnungszeiten** März–Okt. Mo–So 9 Uhr »bis der Frosch quakt« | **Tipp** Die Straße weiter Richtung Süden kommt man über Fischen nach Pähl. Um das Traditionsgasthaus Alte Post zu retten, hat Sänger Peter Maffay es gekauft (Ammerseestraße 3, 82396 Pähl, Tel. 08808/9210777).

2 Die Biomilch-Zapfsäule

Landwirt Josef Vetterl und seine frische Idee

Wem am Ammerseewestufer mitten in der Nacht nicht nach Gerstensaft ist, sondern eher nach frischer Milch, der muss nach Bierdorf. Man folgt den Kurven durch den Ort, der Automat ist gut ausgeschildert. Er steht in einer Bretterhütte, mit Blumen dekoriert. Geöffnet ist immer: An 365 Tagen im Jahr rund um die Uhr kann man hier frische Biomilch zapfen. Die Lieferanten stehen gegenüber im neuen Freilaufstall des Vetterl-Hofs. Den Kühen geht es gut. Jedes der Rindviecher hat seine eingestreute Liegefläche. Jedes sucht sich aus, an welchem Fressplatz es futtern möchte. Die Kühe gehen freiwillig zum Melkroboter, so oft sie wollen. Zieht es sie in die Außenlaufhöfe, hält sie nichts auf.

Als Josef Vetterl vor wenigen Jahren den elterlichen Hof übernahm, stand für ihn fest, den Betrieb auf ökologische Bewirtschaftung umzustellen. Es war ihm eine Herzensangelegenheit: »Das hat für mich mit Überzeugung und Umweltschutz zu tun.« Dem Agrarwirtschaftler war auch klar: Das wird nicht billig. Er baute neue Stallungen, in denen für 60 Milchkühe und noch einmal so viele Nachwuchstiere Platz ist. Er unterwarf sich den strengen Regeln des Naturland-Verbandes. Das heißt: keine fremden Düngemittel und ausschließlich biologisch sauberes Futter aus Frischgras, Grassilage, Getreide und Mais. Josef Vetterl baut alles selbst an.

Die Biomilch-Zapfsäule ist einfach zu bedienen. Man füttert den Automaten mit Münzen oder Scheinen. Stellt sein Gefäß in den Ausgabeschacht und drückt den Milchausgabeknopf so lange, wie man zapfen möchte. Das Wechselgeld gibt der Automat nach der entnommenen Menge berechnet zurück. 1,30 Euro kostet der Liter. Ein Hinweis rät, die Milch abzukochen. Hier bedienen sich Stammkunden ebenso wie Feriengäste. Mehr als Landwirt Vetterl erwartet hatte. Steckt jemand den Kopf in den Stall, um nachzusehen, woher die Milch kommt, ist er gern zu einem Schwätzchen bereit.

Adresse Moosflecklweg, 86911 Dießen-Bierdorf, Tel. 0172/6040486 | **Anfahrt** von der A 96 (Ausfahrt Greifenberg) Richtung Utting/Dießen, 1,5 Kilometer hinter Riederau rechts in die Straße Bierdorf, rechts in den Moosflecklweg | **Öffnungszeiten** ganzjährig | **Tipp** Am Anfang des Moosflecklweges steht die Kapelle Mariä Heimsuchung, 400 Jahre alt. Die Bierdorfer Bauern haben sie fein hergerichtet.

3 Der Jaudesberg

Wo der Kini beinahe noch ein Schloss gebaut hätte

Vermutlich hatte Breitbrunn einfach Pech und der König einen schlechten Tag. Erzählt wird diese Geschichte: Ludwig II. hatte erst eine Woche zuvor seine Regierungsgeschäfte von München in die Sommerresidenz der Wittelsbacher am Starnberger See verlegt, da ritt er am Morgen des 18. Mai 1864, es war ein Mittwoch, von Schloss Berg nach Breitbrunn. Seine Hoheit war noch keine 19 Jahre alt und erst zwei Monate im Amt, aber Sehnsucht nach ungewöhnlichen Plätzen hatte der feinsinnige Monarch auch damals schon. Und der Jaudesberg in Breitbrunn, das hatte man dem König erzählt, sei ein solcher Ort. 671 Meter hoch, nicht wirklich ein Berg in Bayern, eher ein Grashügel. Aber doch 80 Meter über dem Ammersee gelegen. Mit Panoramablick hinüber nach Utting und Schondorf. Im Süden bei Föhn bis zur Zugspitze. Der Kini suche einen Bauplatz für ein Sommerhaus, wohl eher ein Lustschloss, so wurde gesagt.

Aber an diesem 18. Mai ist der Himmel so trüb wie die Sicht. In Breitbrunn will der König nicht bauen. Am Schachen im Wettersteingebirge lässt er fünf Jahre später sein Königshaus mit Prunksaal im maurischen Stil errichten. Mit vergoldeten Schnitzereien, Pfauenfedern, Springbrunnen, einer Atmosphäre von Tausendundeiner Nacht. Im selben Jahr beginnen in Neuschwanstein die Bauarbeiten. Was wäre aus Breitbrunn geworden, wenn sich an jenem 18. Mai ein weiß-blauer Himmel geöffnet hätte?

Der Jaudesberg erhielt seinen Namen, weil hier alljährlich eine Judas-Puppe als Verräter Christi in Flammen aufging. Was schließlich sogar katholischen Autoritäten arg war, sie verboten den Brauch. Auf der Kuppe des Hügels hat man vor wenigen Jahren eine hölzerne »Europa-Kapelle« aufgestellt. Im Winter kann man rasante Schlittenpartien beobachten, im Sommer Paraglider und Modellsegelflieger. »Königsberg« sagen die Bewohner seit dem Ludwig-Besuch auch. Der Blick ist auf jeden Fall majestätisch.

Adresse Jaudesbergstraße, 82211 Herrsching-Breitbrunn | **Anfahrt** von der A 96 (Ausfahrt Inning) nach Inning und Breitbrunn, nach dem Ortseingang links in die Jaudesbergstraße, an der Weggabelung parken, noch einen Kilometer zu Fuß | **Tipp** Von Breitbrunn Richtung Herrsching liegt links der Hofladen »Natürlich Ammersee«. Auf dem früheren Pergerhof werden Biosäfte produziert und verkauft.

4 Die Bulldogge des »Simplicissimus«

Thomas Theodor Heine hat das Markenzeichen erfunden

Als »das beste Witzblatt der Welt« adelte Thomas Mann die Zeitschrift. Für Gerhart Hauptmann war sie »die schärfste Kraft Deutschlands«. Das Intellektuellenblatt »Simplicissimus« hatte seine beste Zeit bis 1914 und dann noch einmal von 1919 bis 1933. Wilhelminische Spießbürger, bigotte Kleriker, preußische Beamte und später die Nationalsozialisten waren seine Gegner. Bertolt Brecht, Hermann Hesse, Erich Kästner, Heinrich Mann, Ludwig Thoma, Kurt Tucholsky, Robert Walser schrieben für das Satireblatt. Die genialsten Karikaturisten jener Zeit zeichneten für die »illustrierte Wochenschrift«: Eduard Thöny, Olaf Gulbransson oder Thomas Theodor Heine. Er hat sich die rote Bulldogge einfallen lassen.

Erst war sie nur Randfigur im Heft, später ihr bissiges Markenzeichen. Zähnefletschend. Von der Kette gerissen. Mit bösem Blick. Auf Titelbildern hob sie mal das Bein an den Stiefeln der Obrigkeit oder knurrte als Ratten dargestellte Abgeordnete der katholischen Zentrumspartei an.

Thomas Theodor Heine war Jude. 1933 traut er sich nach einer Redaktionssitzung in München nicht mehr zurück ins Dießener Heim. Berichtet später, was seine Frau erleben musste: »Nachts um drei waren die Nazis mit Stahlruten und Peitschen gekommen, um mich zu holen und zu misshandeln.« Heine taucht unter, flüchtet ins Exil nach Prag, zuletzt nach Stockholm. Da ist der »Simplicissimus« längst – widerstandslos – gleichgeschaltet. Klaus Mann, ältester Sohn Thomas Manns, empört sich: »Von allen im Dritten Reich gedruckten Widrigkeiten ist mir der ›Simplicissimus‹ der Widrigsten eine.«

Heines Haus stand hinter den Garagen seitlich der Seniorenresidenz Augustinum. Nach einer Gartentür führt ein Trampelpfad zum Grundstück. Zwei Messing-Bulldoggen knurren bissig den Besucher an.

Adresse Am Augustinerberg, 86911 Dießen | **Anfahrt** von der A 96 (Ausfahrt Greifenberg) nach Dießen, nach der Ampelkreuzung im Ortskern rechts in die Schützenstraße, links in die Straße Klosterberg, links in die Straße Am Augustinerberg | **Öffnungszeiten** Die Gartentür ist stets geöffnet. | **Tipp** Auf dem Friedhof unterhalb des Altenheims ist das Mausoleum für Ludwig Freiherr von Schacky und seine Frau Julia bestimmendes Bauwerk. Sie legten den Schacky-Park an (siehe Seite 24).

5__Die Drogerie Loh

Vom Apfel bis zur Zahnpasta: Was es gibt, gibt's hier

Sie brauchen Salzsäure? Gehen Sie zum Loh! Die Klobürste ist fällig? Gibt's auch beim Loh. Sie suchen warme Socken, einen Damenrasierer, Vogelfutter, einen Topfreiniger und haben Lust auf knackfrischen Salat? Dann auf zum Loh! Der Loh ist ein Phänomen. Wer etwas sucht, der geht zum Loh. Die Drogerie ist ein Labyrinth mit vielen Schaufenstern und Verkaufsständen davor, die nur den kleinsten Teil des Sortiments anpreisen können. Im Ladengeschäft lässt sich neben klassischen Drogerie- und Reformhausartikeln so ziemlich alles finden, was der Mensch benötigt. Und wenn er etwas loswerden will, geht er auch zum Loh. »Bar-Ankauf. Aus Gold wird Geld«, steht an der Tür.

Christian Loh, Cousin Markus Loh und Tante Elfriede führen das Geschäft in der dritten Generation. Walter Loh, Christians Großvater, hat es nach dem Zweiten Weltkrieg gegründet. Er musste seine Heimat Karlsbad, heute Karlovy Vary (Tschechien), verlassen, wo schon sein Vater eine Drogerie führte. Es hat ihn nach Dießen verschlagen, hier hat er auf 20 Quadratmetern angefangen, hat Küche und Wohnzimmer integriert. Heute erstreckt sich der Laden über das Erdgeschoss von zwei Häusern.

Elfriede, Christian und Markus Loh haben offenbar ein Gespür dafür, was der Mensch sucht. Wie der Opa, der früh mit dem Verkauf von Fotoapparaten angefangen hat. Konnte der Kunde nicht auf einmal bezahlen, durfte er den Kaufpreis in Raten von 50 Pfennigen abstottern. Analoge Fotoapparate gibt es noch immer, digitale natürlich auch. Wer Passfotos braucht, lässt sie beim Loh machen. Es gibt Nagelscheren und Cowboyhüte, Taschenlampen und Ameisen-Ex, Wärmflaschen und Drops. Jeden Morgen fährt Christian Loh zur Münchner Großmarkthalle, um Obst und Gemüse zu holen. Einmal im Monat tourt er nach Südtirol, um Prosciutto und Salsicce einzukaufen. Der Loh ist aber nicht nur ein Laden, der Loh ist auch ein Ort der Kommunikation.

Adresse Herrenstraße 22, 86911 Dießen, Tel. 08807/1509 | **Anfahrt** von der A 96 (Ausfahrt Greifenberg) nach Dießen, an der großen Kreuzung rechts in die Herrenstraße | **Öffnungszeiten** Mo–Fr 8–13 und 15–18.30 Uhr, Sa 8–13 Uhr | **Tipp** Schmuck hat die Drogerie Loh nicht. Den gibt's im »Schmuckwerk« wenige Meter die Herrenstraße hinauf. Außerdem schicke Outfits, Blechspielzeug, Holzpantinen.

6 Die Gassen der Fischer

Schrullige Figuren am Mühlenbach

Vor Jahrhunderten haben sogar die Fische den Schlossherren und Äbten gehört. Wer in oberbayerischen Seen erwerbsmäßig fischen wollte, musste bei ihnen um ein Lehen anstehen. Die Fischer hatten im Gegenzug Abgaben an die Lehnsherren zu leisten. So war bis in das 19. Jahrhundert der größte Teil der Fische dem Königlich Bayerischen Hofküchenamt vorbehalten. Vor allem die edlen Arten. »Hof-Fischkäufler« holten den Fang zu festgelegten Niedrigstpreisen ab. Um ihre Familien über die Runden zu bringen, hielten die Fischer noch Schweine, Hühner, eine Kuh und verdienten als Fährleute ein Zubrot. Jetzt gehört der Ammersee dem Freistaat Bayern. Die Fischereirechte werden immer noch in den Familien vererbt. Von den Dutzend Berufsfischern, die es am See gibt, haben aber auch heute die wenigsten ein Auskommen mit dem Fischfang. Dass sie auch Boote vermieten dürfen, hilft. Oder sie haben Fremdenzimmer, betreiben eine Segelschule.

»Fischerei« heißt das Viertel im unteren Dießen, das durch die Gleise der Ammerseebahn vom See getrennt ist. Die Gemeinde hat die Gassen und Plätze hier in den vergangenen Jahren städtebaulich aufgewertet. Der Mühlbach ist oberirdisch geblieben, plätschert über Kiesel an den Türen der drei verbliebenen Dießener Berufsfischer vorbei. Schrullige Figuren haben diese in ihre Gärten und ans Bachufer gesetzt, das schafft Aufmerksamkeit. Und wer stehen bleibt, kauft vielleicht eher einen Fisch. Geräucherte Renke, den Brotfisch der Ammerseefischer, die Sommer-Delikatesse. Hecht und Zander im Herbst.

Seit 700 Jahren fischt die Familie von Simon Rauch auf dem See. Ehefrau Maria verkauft den Fang an Wirtshäuser, Stammkunden, Passanten. Saiblinge und Forellen gibt's fast immer. Renken, Aale, Karpfen, Welse nach Saison. Vor wenigen Jahren ist Simon Rauch ein Riesen-Waller ins Netz gegangen, 88 Pfund schwer, 1,85 Meter lang. Viel größer als der Fischer selbst.

Adresse Fischerei / Mühlstraße 40, 86911 Dießen, Tel. 08807/7940 (Fischerei Rauch) | **Anfahrt** von der A 96 (Ausfahrt Greifenberg) nach Dießen, am Markplatz links in die Mühlstraße | **Öffnungszeiten** Mo–So 8–12 und 13–18 Uhr | **Tipp** Den Mühlbach entlang und hinter der Unterführung links gelangt man zum Seepavillon. Er ist Schaufenster der Ammersee-Künstlerkolonie (Mitte März–Okt. Mo–So 11–18 Uhr, Nov.–Dez. Fr 14–17 Uhr, Sa–So 11–17 Uhr).

7 Der Mechthildisstein

Hilfe bei Kopfweh

Die Heimatheilige Mechthild wird viel beansprucht. Bei Augenleiden soll sie helfen können. Ältere Menschen bitten in der Todesstunde um ihren Beistand, denn es heißt, dass die Äbtissin selbst »dreimal glückselig« gelacht habe, als sie 1160 im Sterben lag. Auch bei Unwettern wird sie als Schutzpatronin angerufen. Im Dießener Marienmünster wird dann die Mechthildisglocke, die Wetterglocke, geläutet. Leider brannte nach einem Blitzschlag im Jahr 1871 der Kirchturm trotzdem nieder. Die Glocke selbst schmolz und musste neu gegossen werden. Vielleicht hätte aber verhindert werden können, dass eine Hagelwalze im Jahr 2002 historisch wertvolle Scheiben der Kirche zerschmetterte. Der Messner hatte allerdings versäumt, die Glocke zu läuten.

Mechthild, die Tochter des Grafen von Dießen-Andechs, hatte schon zu Lebzeiten den Ruf einer Heiligen. Sehr früh trat sie dem Orden der Chorfrauen des Heiligen Augustinus bei. Ihre Güte, Frömmigkeit und die Gabe, Kranke zu heilen, machten sie zum Vorbild. Die »Brotmutter vom Ammersee« wurde sie genannt, denn sie versorgte die umliegenden Kirchen mit Mehl für die Hostien. Mechthild wurde Priorin des Dießener Konvents, später schickte der Papst sie als Äbtissin in ein adeliges Damenstift. Mechthild starb mit nur 35 Jahren. Als man 300 Jahre später ihren Sarkophag öffnete, fand man ihre Gebeine »unverdorben« vor. Ein Wunder, heißt es. Sie ruhen heute in einem gläsernen Schrein auf dem Magdalenenaltar des Marienmünsters.

Im Sarkophag lag auch ein ausgehöhlter Tuffstein. Auf ihn soll Mechthild im Schlaf ihren Kopf gebettet haben. Der Stein soll Menschen, die unter Kopfweh leiden, Linderung verschaffen. Früher haben Gläubige am Stein gekratzt und sich das Steinmehl auf die Stirn gelegt. Einfaches Berühren soll aber auch helfen. Mechthilds Steinkissen ist am Kircheneingang an der linken Seite der Taufkapelle in Kopfhöhe eingemauert.

Adresse Klosterhof 10A, 86911 Dießen, Tel. 08807/948940 (Pfarramt Dießen) | **Anfahrt** von der A 96 (Ausfahrt Greifenberg) nach Dießen, an der Ampelkreuzung im Ortskern rechts in die Herrenstraße und weiter in die Straße Hofmark, links in die Rotter Straße, links in die Straße Klosterhof | **Öffnungszeiten** Mo–So 8–18 Uhr | **Tipp** Starker Kontrast zum opulenten Barockbau: In einem historischen Pferdestall neben dem Marienmünster besticht die Kirche St. Stephan mit ruhigem Charme.

8__Der Schacky-Park

Einst verwildert, nun zu neuem Zauber erweckt

Kühe sind über den Mosaikboden des Monopteros getrampelt. Haben sich an den Säulen des Oktogons gerieben. Die eine oder andere Statue umgestoßen. Unter den Baumriesen, darunter ein Tulpenbaum, fanden sie Schatten. Jahrzehntelang haben die Barmherzigen Schwestern vom Orden des Heiligen Vinzenz von Paul den Landschaftspark als Viehwiese genutzt. Wo die Kühe nicht grasten, wurde er Dschungel. Jetzt hat die Gemeinde Dießen den Park von den Nonnen gepachtet. Engagierte Bürger haben das Dornröschen-Gelände wach geküsst.

Ende des 19. Jahrhunderts entdecken die Münchner ihre Lust an der Landpartie. Viele Wohlhabende bauen Villen am Starnberger See. Ludwig Freiherr von Schacky auf Schönfeld, Kämmerer unter Prinzregent Luitpold, verliebt sich in das Westufer des Ammersees. Oberhalb der Weilheimer Straße kauft er Parzelle für Parzelle. Bis sein Grund groß genug ist, um dort ab 1903 einen Park anzulegen. Auch wenn alle Pläne verschollen sind: Der Englische Garten in München ist offensichtlich das Vorbild. Dort lebt der Baron in Spazierweite des Monopteros. In Dießen lässt er sich seinen eigenen bauen, sieben Kilometer Wege anlegen, Brunnen und Putten aufstellen. Ihm wird ein bayerisches Gartenhaus genehmigt, tatsächlich errichtet er einen fernöstlichen Teepavillon.

Der Freiherr stirbt 1913, der Park hat nun wechselnde Besitzer, zuletzt die frommen Schwestern. Aber Schackys Paradies verwildert. Ältere Dießener erinnern sich, wie sie den schmiedeeisernen Zaun überstiegen, um im Dickicht nach Abenteuern zu suchen. Manche Statuette ist wohl in andere Gärten verschwunden. Jetzt sind die überwucherten Wege und alten Sichtachsen wieder freigelegt, die Brunnen rekonstruiert, der Monopteros glänzt und dient Matineen als Kulisse. Am Apfelbaum-Laubengang leuchten die alten Jugendstil-Kandelaber. Der Baron hatte elektrisches Licht in seinen Park legen lassen. Damals eine Sensation.

Adresse Weilheimer Straße / Vogelherdstraße, 86911 Dießen, Tel. 08807/948372 (Förderverein) | **Anfahrt** von der A 96 (Ausfahrt Greifenberg) nach Dießen, vor der Tankstelle am Ortsende rechts in die Vogelherdstraße | **Öffnungszeiten** Mai–Okt. Di–So 10–19 Uhr, Nov.–April Di–So 11–17 Uhr, Führungen jeden 2. Sa im Monat 15 Uhr, im Winter 14 Uhr | **Tipp** Das SOS-Kinderdorf in der Vogelherdstraße war das erste in Deutschland. Heute wohnen hier neben Waisen vernachlässigte Kinder.

9__Die Schatzbergalm

Wo Carl Orff seine guten Ideen hatte

Schon der Name verspricht: Da muss Kostbares zu finden sein. Und wertvoller geht wirklich nicht: Man liegt im Liegestuhl unter Apfel-, Birnen- und Quittenbäumen und blickt durchs grüne Blattwerk in den weiß-blauen Himmel. Unten kreuzen Segelboote und Surfer auf der Südhälfte des Ammersees. Gegenüber grüßt imposant Kloster Andechs. Rechts die Schönheit der Alpenkette. Die Ruhewiese der Schatzbergalm ist ein Ort, Götterfunken zu verspüren. Wer sich das unter der Woche leisten kann, den wird das Gemurmel der Stimmen im Hintergrund nicht stören.

Der Biergarten bietet Platz für 160 Gäste. Man sitzt auf einer leicht abschüssigen Wiese an groben Tischen auf groben Bänken. Das Gegenüber also nicht ganz auf gleicher Höhe, was bei der Platzwahl zu beachten ist. Man hört es an der Mundart: Einheimische kommen gern her, bei königlichem Bier wird sachkundig diskutiert wie am Stammtisch. Wer erst einmal zu diesem Gasthaus unterhalb des Schatzbergs gefunden hat, bleibt gern länger als auf eine Halbe. Das ist ganz im Sinne der Wirtin Inga Persson, die aus Schleswig-Holstein kommt, aber mit einem bayerischen Mannsbild verheiratet ist: »Ich möchte, dass der Besuch bei uns ein Tag Urlaub für die Gäste ist.«

Klingt ulkig, aber der Käsekuchen ist in aller Munde. Im Biergarten gibt's bayerisch Deftiges, Wurstsalat, Käs'spatzn, Obazda, den Krustenschweinsbraten mit Krautsalat immer noch für unter zehn Euro. Wie sich das für eine bayerische Wirtschaft gehört. Drinnen in der Gaststube und im Wintergarten bietet Inga Persson speziellere Tagesgerichte. Aber der beste Ort bleibt die Ruhewiese. Man vermeint, »Carmina Burana« zu hören oder »Astutuli« oder ein paar Takte aus einem anderen Werk Carl Orffs, der unten in Dießen gearbeitet hat. Der bayerischste aller klassischen Komponisten soll immer wieder gern zur Schatzbergalm hinaufgestiegen sein. Hier hat er sich inspirieren lassen.

Adresse Ziegelstadel 11, 86911 Dießen, Tel. 08807/6780 | **Anfahrt** von der A 96 (Ausfahrt Greifenberg) nach Dießen, am Ortsende an der Tankstelle rechts in die Vogelherdstraße, den Wegweisern »Schatzbergalm« folgen | **Öffnungszeiten** Mi–So 11–22 Uhr | **Tipp** Hinterm Haus führt ein schöner Waldwanderweg ins Tal. Wer also den leichten Aufstieg nicht scheut, parkt am Marienmünster, folgt der Straße Klosterhof und der Propst-Herkulan-Karg-Straße über den Ziegelstadel bis zur Alm. Zurück über die Waldroute.

10_Der Sitz des Zentralorgans

Der »Ammersee Kurier« bringt, was man wissen muss

Alois Kramer ist kein Tausendsasa. Aber er ist Chefredakteur und Geschäftsführer. Reporter und Fotograf. Anzeigenverkäufer und Vertriebschef. Wenn es sein muss, auch noch Grafiker, oder er fährt den »Ammersee Kurier« höchstpersönlich aus. Das Blatt ist das Zentralorgan. Es bringt die neuesten Nachrichten vom Westufer des Sees zwischen Pähl im Süden und Eching im Norden. Wenn es dienstags und freitags mittags um zwölf Uhr ausgeliefert wird, stehen treue Leser schon an den Kiosken, in Tankstellen und Supermärkten und warten darauf.

Die Heimatzeitung ist ein Phänomen. »Uns dürfte es eigentlich gar nicht geben«, sagt Alois Kramer. 2.600 Exemplare Auflage. Leicht steigend. Das Anzeigenaufkommen gehe sogar kräftig nach oben. Das ist in Zeiten, in denen auch große Regionalzeitungsverlage ums Überleben ringen, fast ein Wunder. Der »Ammersee Kurier« ist eine der zehn kleinsten Zeitungen Deutschlands. Obwohl seine wichtigsten Artikel kostenlos auch im Internet zu lesen sind, sieht er einer gesunden Zukunft entgegen.

Ein rosa getünchtes Haus im Dießener Fischerviertel ist Sitz des Zentralorgans. Hier trifft man sich und ist herzlich willkommen. 50 Austräger bringen das Blatt zu den 1.600 Abonnenten. Die beziehen vielleicht auch die regionalen Ableger der »Süddeutschen Zeitung« oder des »Merkur« oder das »Landsberger Tagblatt«. Aber auf den »Ammersee Kurier« wollen sie nicht verzichten. Er bedient das sublokale Informationsbedürfnis, erzählt auch von den kleinsten Kleinigkeiten. »Wir sind weder missionarisch noch investigativ«, sagt Alois Kramer. Das sei das Erfolgsrezept. Respekt vor dem Leser gehöre dazu. Kein Leserbrief wird gekürzt, ohne dies mit dem Autor abgesprochen zu haben. »Das Blatt lässt die Kirche im Dorf«, so hat es einmal der Bürgermeister formuliert. Es sei »bayerisch beständig« und »provoziert nicht«. Es bilde Menschlichkeit, Herzhaftes und Tröstliches ab.

Adresse Fischerei 18, 86911 Dießen, Tel. 08807/237 | **Anfahrt** von der A 96 (Ausfahrt Greifenberg) nach Dießen, an der Ampelkreuzung im Ortskern links in die Mühlstraße, rechts in die Straße Fischerei, in der Rechtskurve auf der linken Seite | **Öffnungszeiten** Mo und Do 9–17 Uhr, Di und Fr 9–15 Uhr, Mi 9–12.30 Uhr | **Tipp** Dießen hält etwas auf sich. Man sieht's an den Kanaldeckeln mit eigenem Wappen.

11 Das Stellwerk

Im Atelier der Künstlerin Annunciata Foresti

Signale und Weichen für Züge werden längst zentral und elektronisch gesteuert. Das Stellwerk in Dießen, von dem aus die Schranken nördlich des Bahnhofs bedient wurden, brauchte niemand mehr. Das Hebelwerk wurde ausgebaut, die Fenster vernagelt. Mehr und mehr verfiel der Bau. Das Dach war undicht, die Wände wurden feucht. Bis Annunciata Foresti der Bahn das Stellwerk abkaufte. Ein Gesamtkunstwerk hat sie daraus gemacht. Gründlich, aber behutsam renoviert, alte Strukturen belassend und mit neuen Formen ergänzt. Annunciata Foresti, Gastarbeiter-Kind aus dem italienischen Bergamo, lässt es in venezianischem Rot erstrahlen. Wer mit der Regionalbahn in den Bahnhof einfährt, wird an der Fassade mit dem strahlenden Schriftzug »Dießen« begrüßt. Wer Richtung Geltendorf reist, wird an der Südseite mit dem Hinweis »Kunst« verabschiedet.

Unten hat die Malerin einen Ausstellungsraum eingerichtet, Podium auch für Künstler-Kollegen. Oben ist hinter großen Fenstern, wo die Stellwerkwärter saßen, ihr Atelier. Mit Alpenblick. Die Zugführer winken im Vorbeifahren herauf, wenn sie da ist. Vor dem Gebäude hat die Künstlerin einen blühenden Skulpturengarten angelegt. »Das Gestalten im Garten ist Kraftschöpfen«, sagt sie. »Als Künstler ist man ja immer auch Erfinder.« Der Heimatverein hat das Ensemble 2013 zum »Haus des Jahres« gekürt. Als »privates Engagement zugunsten der Öffentlichkeit« und als »kleines Denkmal der Eisenbahn- und Ortsgeschichte« gewürdigt.

Annunciata Foresti, mehrfach ausgezeichnet für ihr kulturpolitisches Engagement, hat früher Fabelwesen gemalt. Später Landschaften, Wasser, das italienische Meer, den Ammersee und die Ostsee. Strukturarbeiten mit Acrylfarben und Tusche in Schichten sind ihr Schwerpunkt. »Die ganze Welt hat Muster und Strukturen«, erklärt die Künstlerin. Das Schilf am Ufer des Sees. Die parallel laufenden Schienen im Schotterbett. Sie muss ja nur aus dem Fenster sehen.

Adresse Seestraße 5, 86911 Dießen, Tel. 0173/6702979 | **Anfahrt** von der A 96 (Ausfahrt Greifenberg) nach Dießen, von der Lachener Straße links in die Seestraße, auf der linken Seite | **Öffnungszeiten** nach Vereinbarung | **Tipp** Im Dießener Fritz-Winter-Atelier hat der Maler und Grafiker, Schüler von Paul Klee und Wassily Kandinsky, bis 1976 gearbeitet. Wechselnde Ausstellungen (Forstanger 15A, Tel. 08807/4559, Do–Sa 14–18 Uhr, So 11–18 Uhr).

12 Die Zinngießerei

Produziert wird nach 200 Jahre alten Originalen

Ein frommer Zug ist da unterwegs. Vorneweg mit der Fahne der Ministrant, rot-weiß gewandet. Der Kreuzträger geht rechts von ihm. Gleich dahinter der Herr Pfarrer. Ein Bub, Blumenmädchen, Kerzenmädchen, das Institutsmädchen mit gelbem Sonnenhut und ein älterer Mann marschieren mit. Wie sich das auf dem Dorf gehört, haben sie Rosenkränze in den Händen. Die »Ländliche Prozession« wird gern gekauft im Laden der Zinngießerei Babette Schweizer. Papst Benedikt, der hier war, hat sich allerdings für ein Schifferl entschieden. Bevor er Heiliger Vater wurde.

Die wallfahrenden Miniaturen sind in einer Vitrine aufgebaut. Jede von Hand gegossen, jede unter der Lupe bemalt. »Die Prozession ist von 1916«, erklärt Gunnar Schweizer, Chef der kleinen Manufaktur. Seine Tante Anni hat sie entworfen. »Sie war eine großartige Gravurmeisterin.« Die Formen von damals benutzt er noch heute, nur den Pfarrer hat man ersetzen müssen. 5.000 Vorlagen lagern in der Kammer hinter der Werkstatt. Manche sind mehr als 200 Jahre alt. Den Betrieb haben Monika und Adam Schweizer 1796 gegründet. Babette Schweizer hat ihn bis zu ihrem Tod 1896 geführt. Seither hat man den Firmennamen nicht mehr geändert. Gunnar Schweizer ist ihr Urenkel.

Der Reliefgraveur ist der vorerst Letzte, der die Familientradition aufrechterhält. In ganz Europa gibt es nicht mehr als zehn solcher Werkstätten. Die Technik ist dieselbe wie anno dazumal: Mit dem Stichel werden die Motive in zwei Schieferplatten graviert, die zusammen eine Gussform bilden. Eine flüssige Zinn-Blei-Legierung, bis zu 450 Grad heiß, füllt dann den Hohlkörper. Trennt man die Platten, lässt sich das Gussteil entnehmen. So entstehen Trachtler, Gendarmen, Marktfrauen, Indianer auf dem Motorrad oder Szenen zum »Strandleben anno 1910«. Eine verwunschene Welt. Viel schickt Gunnar Schweizer in die USA. Und wundert sich, warum Japaner vor allem Frösche ordern.

Adresse Herrenstraße 17, 86911 Dießen, Tel. 08807/350 | **Anfahrt** von der A 96 (Ausfahrt Greifenberg) nach Dießen, an der großen Kreuzung rechts in die Herrenstraße | **Öffnungszeiten** Mo–Fr 9–18 Uhr, Sa 9–16 Uhr | **Tipp** Die Herrenstraße geht in die Straße Hofmark über. Rechts liegt das Carl-Orff-Museum. Der Komponist und Musikpädagoge hat viele Jahre in Dießen gelebt. Einige Orff-Instrumente kann man ausprobieren: klingende Stäbe, Xylophone, Trommeln (Tel. 0880/791981).

13 Die Nackerten-Inseln

Durch flaches Wasser kann man hinüberwaten

Erlaubt ist das nicht. Aber geduldet. Die zwei Inselchen sind Naturschutzgebiet. Schilder verbieten ausdrücklich, sie zu betreten. Das flache Wasser hier ist Laichgebiet der Fische. Trotzdem drückt die Gemeinde ein Auge zu. Und den Nacktbadern ist der Naturschutz offensichtlich nicht wichtig genug. Viele sind es nicht. Auch an heißen Tagen kann man sie noch zählen. Sie liegen auf Luftmatratzen, der Untergrund ist steinig. Manche schaffen Liegen herüber. Und Sonnenschirme, denn die wenigen Büsche und niedrigen Bäume bieten wenig Schatten. Eine Infrastruktur, Toiletten etwa, gibt es nicht. Wer nackert in der Sonne brutzeln möchte, muss sich zu helfen wissen. »Liebesinseln« werden die Kies-Flecken im See auch genannt. Für blicksichere Intimitäten sind die Steinhaufen aber nun wirklich zu klein.

Wer eines hat, wirft vor dem Kiesstrand den Anker seines Segelschiffs. Wobei … wenn er hüllenlos entspannen will, könnte er das eigentlich auch geschützt an Bord des Bootes tun. Die anderen waten durchs Wasser zu den Kiesbänken. Das Badetuch unterm Arm, die Kühlbox auf der Schulter, wenige schleppen einen Bierkasten und einen Grill. Kaum 100 Meter sind es durchs Wasser, und tiefer als bis zu den Knien muss man nicht eintauchen. So zieht zur Sommerzeit eine Mini-Karawane vormittags vom Festland zu den Eilanden und nach Sonnenuntergang zurück.

Vom Parkplatz des Erholungsgebiets sind es nur 300 Meter nach Süden. Rechts geht's zur gschamigen Familien-Liegewiese. Links und dann wieder rechts ans Ufer führt der Weg ins sündige Solarium. Jetzt runter mit der Hose, die Sonnenmilch geschultert. Man kann die Nackerten-Inseln auch vom Bootshafen in Stegen ansteuern. Eine halbe Stunde kräftig gerudert, schon ist man da. Es wird darüber diskutiert, Nacktbadegebiete am ganz normalen Ammerseeufer auszuweisen. Bademeister berichten aber auch: Selbst Obenohne-Sonnenbaden ist auf dem Rückzug.

Adresse Erholungsgebiet, 82279 Eching | **Anfahrt** von der A 96 (Ausfahrt Inning) an der Ampelkreuzung Richtung Eching, im Kreisverkehr in die Kaagangerstraße, links in den Schwalbenweg, Parkplatz »Erholungsgebiet« ist ausgeschildert | **Tipp** Boule spielen mit Seeblick? Das Restaurant Strandhaus am textilpflichtigen Strand hat eine Bahn neben der Terrasse (Erholungsgebiet 1, 82279 Eching, Tel. 08143/3669256).

14 Der Bauplatz der Biber

Am Zufluss der Ammer haben sie ihr Revier

Mönche müssen ja vielem entsagen. Wenigstens gut zu essen, sollte da keine Sünde sein. In sehr alten Klosterkochbüchern kann man Biberrezepte finden. Biber geschmort in Rotwein und guter Suppe. Biber gebraten mit Speck und Trüffeln und fein geschnittenem Wurzelwerk. Schlitzohrige Kirchenmänner hatten den Nager, der 20 Minuten unter Wasser bleiben kann, zum Fisch erklärt. So mussten sie in der Fastenzeit auf Fleisch nicht verzichten. Der Biber, fast ausgerottet, ist im Mündungsdelta der Ammer in den Ammersee wieder heimisch geworden. Und die Klosterbrüder im nahen Andechs sind wirklich nicht verdächtig, als Wilderer unterwegs zu sein.

Selbst die Bibermanager vom Bund Naturschutz bekommen Europas größtes Nagetier, das 30 Kilo schwer und einen Meter lang werden kann, kaum zu sehen. Aber die Spuren der nachtaktiven Tiere kann man finden. Baumstümpfe, die aus dem Boden ragen wie riesige, angespitzte Bleistifte. Für einen Stamm von zehn Zentimetern Durchmesser braucht ein Biber nicht länger als eine Viertelstunde. Nadelgehölze sind nicht so sein Ding, aber Weide und Pappel mag er gern. An der Ammermündung gibt es noch die seltene Schwarzpappel, Feld- und Flatterulmen. Mit sogenannten Drahthosen hat man sie gegen die Biber geschützt.

Biber ernähren sich in der warmen Jahreszeit von Wasserpflanzen und anderem frischen Grünzeug. Ab dem Herbst knabbern sie mit den vier orangefarbenen Nagezähnen an den Bäumen. Sie sind scharf auf die Rinde jüngerer Zweige, also werden die Bäume gefällt. Damit stauen sie außerdem Bäche an, weil der Eingang ihrer Höhlen unter Wasser liegen soll. Wenn das nicht geht, bauen sie mit Zweigen eine Biberburg, die mit Lehm abgedichtet wird. Sie holen sich das Holz an Land und schaffen es ins Wasser. Dabei legt sich der Biber auf den Bauch und rutscht die Uferböschung hinunter. So entstehen die Biberrutschen. An der Ammermündung sind sie besonders gut zu sehen.

Adresse Zufluss der Ammer in den Ammersee, 82396 Pähl-Fischen | **Anfahrt** von der B 2 nach Fischen, links Richtung Dießen, 300 Meter nach Ortsende Fischen links parken, über die Brücke und den westlichen Ammerdamm entlang, etwa zwei Kilometer | **Tipp** Die seltene Fluss-Seeschwalbe, Steinwälzer und Wiesenpieper machen bei ihren interkontinentalen Langstreckenflügen Rast auf der »Vogelfreistätte Ammersee-Südufer«. Ein Beobachtungsturm ist über die Jahnstraße in Dießen zu erreichen.

15 Die Tanke

Benzingespräche am Denkmal

Der rote Opel Rekord Coupé mit Dachgepäckträger, Baujahr Anfang der 1960er Jahre, könnte frischen Lack gebrauchen. Wahrscheinlich auch einen neuen Motor. Aber die Chrom-Stoßstangen blitzen noch. Die rot-weißen Sitzkissen bringen Oldtimer-Freunde zum Träumen. Im Schlepp hat das gute Stück einen silbern blinkenden Wohncontainer. Ein blauer Citroën etwa gleichen Alters steht herum, mit Weißwandreifen auf roten Felgen. Alte Roller, uralte Motorräder, steinalte Zapfsäulen. Relikte aus dem Mittelalter der Motorisierung.

Sonntags ab 14 Uhr werden hier Benzingespräche geführt. Die alte Tankstelle in Greifenberg ist Treffpunkt von Liebhabern historischer fahrbarer Untersätze. Egal, ob Fahrrad oder Sportwagen. Verrostete Mühle oder hochglanzpolierter Edelklassiker. Zwei Dutzend Oldtimer drängen sich hier am Wochenende. Hot-Rod, VW Käfer, Mustang, Ente, Bugatti, Chrysler Business. Die Mischung ist bunt. Es wird gefachsimpelt und geschraubt. Es gibt Kaffee aus der Thermoskanne, Bier und manchmal Würstchen vom Grill. Wer ein paar Euro dalässt, darf zugreifen.

Sprit bekommt man hier schon lange keinen mehr. Früher kam Gasolin in den Tank. Zuletzt zapfte das Aral-Männchen im blauen Aral-Anzug. Irgendwann in den 1980er Jahren war Schluss. Das Gebäude verfiel. Und wäre womöglich längst abgerissen, wenn Sepp und Armin Sedlmayr sich nicht verliebt hätten in die Tanke. Sie haben die windigen Fenster ersetzt, einen Alu-Flugzeugflügel als abgehängte Decke eingezogen. Ein Glück, dass Armin Sedlmayr Maler und Airbrusher ist. Er verpasste der Tanke einen Anstrich im abgetönten Aral-Blau mit grünen Schlieren. »Ich habe sie optisch unter Wasser gesetzt.« Die Tankstelle hat ein sogenanntes Flugdach, eine ganz seltene Konstruktion, bei der das Dach nur auf einer Säule ruht. Seit Kurzem wird die Tanke als Zeugnis für Gewerbebauten des vergangenen Jahrhunderts in der Denkmalliste geführt.

Adresse Hauptstraße 4, 86926 Greifenberg, Tel. 0160/97765192 | **Anfahrt** von der A 96 (Ausfahrt Greifenberg) Richtung Dießen, gleich rechts in die Schondorfer Straße, links in die Hauptstraße | **Öffnungszeiten** So ab 14 Uhr | **Tipp** Die Hauptstraße weiter nach Westen geht es links hoch zum Schloss Greifenberg. In der Zufahrt steht unter einem Baum ein steinerner Richterstuhl aus dem Jahr 1442.

16 Die Bayrische Brandung

Lässiger Kiosk und »Generalkonsulat«

Dieser Kiosk ist ein Gesamtkunstwerk. Dazu gehört, dass sein Betreiber Mine Gruber auch Aspirin bereithält für die frühen Gäste, für die es tags zuvor sehr spät geworden ist. Dass bunte Sandeimerchen eher dekorative als erhellende Abendbeleuchtung sind. Dass die Panini die Namen von schweren Winterstürmen haben: »Wiebke« (mit Tomaten und Mozzarella) oder »Kyrill« (mit Schinken). Es sind diese Kleinigkeiten, die der flippigen Bretterbude viel Charme verleihen. Kiter und Surfer erhalten hier »20 Prozent Rabatt auf alle Drinks bei Vorlage eines nassen Neoprenanzuges«, was davon Zeugnis gibt, dass der Barbesitzer gern selbst aufs Brett steigt. In der Herrschinger Bucht wurden bei Sturm schon Wellenhöhen von mehr als anderthalb Metern gemessen. Deshalb hat Mine Gruber seinen Kiosk »Bayrische Brandung« genannt.

Hierhin geht man, ohne verabredet zu sein. Irgendwer ist immer da! Junge. Alte. Sehr Alte. Mamas mit ihren Kindern, die sich treffen. An der vollgestopften Bar holen sie sich einen Kaffee oder Sprizz, hocken beisammen und ratschen. Beobachten die Promenaden-Flanierer und lästern ab. Begehrt sind die Plätze auf der Holzplattform direkt am See. Zu jeder Tageszeit herrscht hier ein buntes Treiben, aber abends ist es besonders schön. Gäste kommen sogar vom Westufer des Starnberger Sees, um am Ammersee bei Reggae-Rhythmen das Feuerwerk des Sonnenuntergangs zu erleben, das sie an ihrem Strand nicht sehen können.

»Generalkonsulat des Ammerseewestufers« steht auch über der Strandbar, und Mine Gruber ist der Konsul. Er kommt vom Westufer, ist Saxofon-Spieler und hat in Schondorf die Musikkneipe »Kultur am Bahnhof« betrieben. Gruber kennt die Ressentiments zwischen den Menschen auf beiden Ufern, zwischen den »Schwaben« in Riederau oder Utting und dem »Münchner Gschwerl« in Herrsching oder Breitbrunn. In seiner Bayrischen Brandung finden alle zusammen.

Adresse Strandpromenade, Höhe Summerstraße 18, 82211 Herrsching | Anfahrt von der A 96 (Ausfahrt Oberpfaffenhofen) nach Herrsching, links in die Mühlfelder Straße, rechts in die Seestraße, links in die Summerstraße | Öffnungszeiten »Spontan bei gutem Wetter. Abends bis der Stern im See versinkt.« | Tipp Die Seepromenade Richtung Süden und dann ein Stück die Mühlfelder Straße entlang kommt man zum Schloss Mühlfeld. Es wird heute privat genutzt.

17_Der Kiter-Hotspot

Wo der richtige Wind weht

Die Düse geht am Ostufer besser. Vor allem am Herrschinger Kreuz. Die Uferlinie öffnet sich. Weil das Umland hügelig ist, nimmt der Westwind gern den Ausgang in die Herrschinger Bucht und beschleunigt. Der sogenannte Düseneffekt entsteht, der für ein Beaufort mehr sorgt. Besonders Wind aus Südwest schiebt dann eine ordentliche Welle vor sich her und baut ansprechende Rampen auf. Das flache Wasser verstärkt den Effekt. Jetzt abheben! Das ist der Kick. Tatsächlich steht ein Holzkreuz im Wasser, das Untiefen markiert.

Wenn Segler einpacken, packen Kiter und Windsurfer erst aus. Lieber am Ammersee als am Starnberger See. Die geografischen Verhältnisse sind vorteilhafter. Westwind drückt am »Bauernsee« besser rein. Im Frühjahr und Herbst mit Geschwindigkeiten von 30 Kilometern in der Stunde, in Böen bis 80 – das sind ideale Bedingungen. Bevorzugter Hotspot der Kitesufer ist das Herrschinger Kreuz. Der Einstieg ins Wasser ist zwar nicht ideal. Für den Aufbau des Lenkdrachenschirms gibt es nur ein Fleckchen Rasen am Ufer, es wird eng, wenn die Kiter aus München einfallen. Und bis zum Kreuz lauern Kiesbänke im Wasser. Aber dann bläst es ordentlich. Bei gutem Wind lohnt es sich, weit in die Bucht zu fahren. Der Wind wird noch einmal stärker. Zurück kann man auf Raumwind fast bis zum Strand die Welle abreiten.

Das Herrschinger Kreuz ist für Könner, und die sind von den Sportsfreunden hier auch lieber gesehen. Für Einsteiger ist der Surfspot Stegen im Norden besser. Der Wind ist dort böiger, allerdings schwächer. Ein konstanter 6er wurde aber auch schon gemessen. Am Ufer ist viel Platz für einen störungsfreien Aufbau. Der Untergrund ist lange flach und sandig, das schont die Finne. Und Winter-Surfer haben es nicht weit, um sich beim Schreyegg aufzuwärmen. Ob nun in Herrsching oder Stegen – Badegäste, Tretbootkapitäne und Ausflugsdampfer haben immer Vorfahrt.

Adresse Höhe Rieder Straße 70, 82211 Herrsching | **Anfahrt** von der A 96 (Ausfahrt Inning) durch Inning, im Kreisverkehr Richtung Herrsching, am Ortsschild auf der rechten Seite am Wochenende manchmal freie Plätze auf dem Parkplatz des Hauses der bayerischen Landwirtschaft, geöffneter Privatweg zum See | **Tipp** Vom Kiter-Hotspot führt die Seepromenade bis zum Herrschinger Dampfersteg.

18 Matos Fischladen

Rezepte von der Oma, und die Mama hilft mit

Wer noch nicht Fisherman's Friend ist, der wird's hier. Spätestens dann, wenn Mato hinterm Tresen steht. Früher ist er »mit Rockbands und wilden Jungs« durch die Welt getourt. Aber hier hat der Hamburger sein Ding gefunden. Matos Fischladen in der alten Fischerei Stumbaum ist wie ein Stück norddeutsche Küste mitten in Oberbayern. An Decke und Wänden alte Netze, Kugelfische, Schiffssteuerräder, eine Schiffsglocke. Im Kühlschrank Astra und Flens. Mato sagt, er habe mal einen Laden in der Stadt gehabt, ohne Wasser in der Nähe. Das habe er nicht aushalten können.

Man muss nun aber nicht ein Hamburger Rundstück mit Fisch bestellen, wenn man eigentlich eine Fischsemmel möchte. Mato belegt sie üppig mit Feinschmecker-Matjes, mit geräuchertem Wels, Saibling oder Lachs. Mit knackfrischem Salat und vielen Sprossen. Obendrauf kommt Meerrettich-Preiselbeer-Soße, die hier nur Matsche heißt. Wenn Mato die Semmel über den Tresen schiebt, strahlt er. Und wen Mato anstrahlt, der strahlt zurück.

Alles ist hausgemacht, alles ist bio. Morgens um sieben Uhr wird der frische Fisch geräuchert. Das ist Ralfs Part, Geschäftspartner von Mato. Der steht an der Pfanne und brutzelt Fischpflanzerl, für Norddeutsche: Fischfrikadellen. Er sagt: »Du musst futtern wie bei Muttern.« Die Pflanzerl brät er in Butterschmalz, das rieche so wie früher bei der Oma. »Da stehen die Leute drauf.« Die Mama rührt die Fischsalate an. Bloß nichts mit Konservierungsmitteln. Das verträgt die Mama nicht.

Die Gäste sitzen draußen auf Asia-Sesseln, Barhockern, Bistrostühlen. Einen Fischteller vor sich und einen Prosecco. Schauen aufs Wasser und den Promenaden-Bummlern hinterher. Warten auf den Sonnenuntergang über dem Westufer, der auch von hier aus der schönste sein soll. Junge Herrschinger, Münchner, Segler, Stammkunden. Die angebrochene Weinflasche vom Vortag hat Mato für sie im Kühlschrank aufbewahrt.

Adresse Strandpromenade Höhe Summerstraße 22, 82211 Herrsching, Tel. 08152/1375 | Anfahrt von der A 96 (Ausfahrt Oberpfaffenhofen) nach Herrsching, links in die Mühlfelder Straße, rechts in die Seestraße, links in die Summerstraße | Öffnungszeiten Di–Sa 9–18 Uhr, So 12–18 Uhr | Tipp Ruderboote, Tretboote, Elektroboote: Gleich neben Mato hat Goro sein Geschäft.

19 Die Oldtimer-Werkstatt

Handwerk, Wissen, Leidenschaft

Das sind Träume, bei denen Liebhaber-Herzen ins Galoppieren kommen. Wunschbilder vorzugsweise in Rot. Die Karosserie blinkt, dass man sich darin sehen kann. Die Chromteile blitzen, als kämen sie gerade aus der Galvanisieranstalt. Das geschmeidige Leder der Sitze wird Rücken und Schenkel liebkosen. Drei solche Porsche 356 Cabrios, mehr als 50 Jahre alt, stehen im Showroom des Autohauses »Feyrer Classic«. Dazwischen ein tiefblaues mit beigefarbenem Verdeck. Eine Spiegelwand vervielfältigt die Porsche-Modelle und weckt die Hoffnung: Da ist noch mehr.

Und da ist noch mehr. Man muss nach Manfred Feyrer fragen. Links in der Werkstatt. An ausgeweideten Oldtimern werkeln Karosseriebauer, Automechaniker, Autoelektriker, Sattler. Auf einer Hebebühne schwebt ein schwarzes Porsche Coupé ohne Innenleben. In den roten Jaguar E-Type hinten im Eck, Baujahr 1965, wird man noch Tausende Arbeitsstunden stecken. Wenn Manfred Feyrer nicht hier ist, ist er in seinem Büro.

Er ist ein wortkarger Mann, aber man spürt die Leidenschaft für historische Fahrzeuge und den Stolz auf die Leistung seines Teams. Und dann bringt er es auf den Punkt: »Die Liebe zum Detail, zur Perfektion und zur Schönheit ist die Basis für eine gelungene Restauration.« Armaturen werden zerlegt, optisch und technisch in den Originalzustand versetzt. Edle Hölzer werden verarbeitet und spiegeln den Charakter einer vergangenen Zeit. Manfred Feyrer ist Tüftler, Sammler, Geschäftsmann. Auf den Porsche 356, von dem in fast 30 Jahren nur 76.000 Exemplare gebaut wurden, hat er sich spezialisiert. Ein Cabrio der C-Reihe, Baujahr 1964, 100 PS, Topzustand, ist unter 150.000 Euro kaum zu haben. Feyrer lädt zum Rundgang durch die große Ausstellungshalle. Viele 356er stehen hier, Bentleys, MGs, Käfer. Der sehr seltene Mercedes-Benz-Pritschenwagen von 1952, dunkelrot, 38 PS, kommt einem mit 47.000 Euro wie ein Schnäppchen vor.

Adresse Rieder Straße 30, 82211 Herrsching, Tel. 08152/1081 | Anfahrt von der A 96 (Ausfahrt Inning) nach Herrsching, unmittelbar nach der S-Bahn-Querung scharf links | Öffnungszeiten Mo–Fr 8–17 Uhr, Sa 8–12 Uhr | Tipp Nur ein paar Schritte die Rieder Straße entlang – schon ist man an der Seepromenade. Unter den Bäumen und auf der Wiese finden immer wieder Kunst- und Handwerkermärkte statt.

20 Die Scheuermann-Villa

An Deutschlands längster Seeufer-Promenade

Verspielte Erker, Balkone, Anleihen an italienische Adelshäuser. Burgfried und Fachwerk erinnern dagegen eher an deutsche Burgenromantik. Der Maler Ludwig Scheuermann (1859–1911) war viel herumgekommen, als er sich nach eigenen Ideen sein Schlösschen bauen ließ. Da er sich vor Überschwemmungen fürchtete, wenn Westwind das Wasser ans Ufer drückt, ließ er es auf einen hohen Sockel setzen.

Nur wenige Interessierte kennen heute den Künstler. Ludwig Scheuermann, in Südafrika geboren, war das Kind wohlhabender Kaufleute aus Augsburg. Man konnte es sich leisten, den Sohn an der Akademie der Bildenden Künste in München Malerei studieren zu lassen. Anschließend lernte er ein Jahr an der Académie Julian in Paris, unternahm Studienreisen nach Italien und Nordafrika. »Dame spielende Araber in Tunis«, das waren so seine Motive. Als Genre-, Porträt- und Landschaftsmaler war Scheuermann erfolgreich und brachte es zu Wohlstand. Münchner Galeristen handelten seine Bilder zu hohen Preisen. Die Sommermonate verbrachte er gern am Ammersee. Künstlerfeste wurden in der Villa gefeiert, von denen man sich lange in Herrsching erzählte. Scheuermann umschmeichelte die Honoratioren. Das soll auch dazu beigetragen haben, dass man 1903 die Bahnlinie nicht von München-Pasing nach Stegen am Ammersee, sondern bis Herrsching baute.

Heute steht die Scheuermann-Villa im Zentrum des Herrschinger Kurparks an Deutschlands längster Seeufer-Promenade. Das Bootshaus, das früher zum Privatgrundstück gehörte, existiert nicht mehr. Scheuermanns Sohn hat das Anwesen an die Gemeinde verkauft. Die Villa stand lange leer, verfiel zusehends. Erst eine Bürgerinitiative konnte eine umfangreiche und gelungene Renovierung durchsetzen. Das heute sogenannte Kurparkschlössl wird für Veranstaltungen und stimmungsvolle Hochzeiten genutzt. Und für Kunstausstellungen. Das hätte Ludwig Scheuermann gefallen.

Adresse Kurpark, 82211 Herrsching, Tel. 08152/37455 (Standesamt) | **Anfahrt** von der A 96 (Ausfahrt Oberpfaffenhofen) nach Herrsching, links in die Mühlfelder Straße, rechts in die Seestraße, am Ufer rechts | **Öffnungszeiten** ganzjährig von außen, öffentliche Toilette | **Tipp** Vor dem Hotel Seehof an der Promenade steht in warmen Monaten ein Klavier. Wer mag und kann, darf spielen.

21_Der Seewinkel

Ein guter Platz, den Takt des Lebens zu spüren

Wie Hühner auf der Stange sitzen die Menschen auf zwei Stegen, lassen die Beine baumeln. Sie haben sich einen Drink geholt oder eine Flasche Wein und Gläser mitgebracht. Das Schauspiel kann beginnen, die blaue Stunde kommt. Erster Akt: Der Feuerball steht noch über Riederau auf der anderen Seite des Sees. Im Zentrum noch grell, aber an den Rändern schon gelblich. Von Minute zu Minute ändert sich die Farbe in Richtung Orange. Das Licht, das sich auf dem Wasser spiegelt, wirft einen Kegel, der länger und länger wird. Immer lieblicher, immer zarter. Zweiter Akt: Das Gemurmel wird stiller, die Zuschauer sind konzentrierter. Der untere Rand des Zentralgestirns, Symbol für den Takt des Lebens, hat den Höhenrücken bei Rieden erreicht. Wolkenfetzen leuchten nun bläulich-violett. Wer seinen Liebsten dabei hat, kuschelt jetzt. Der Schlussakt steht bevor: Die Kugel ist glutrot über Utting. Immer schneller weist ihre Kurve nach unten. Nicht mehr lange! Gleich ist es vorbei! Aber morgen wird es wieder so sein!

Der Seewinkel ist wohl deswegen ein solch schöner Ort, um den Sonnenuntergang zu genießen, weil man über dem Wasser sitzt, nicht am Ufer, und die Stege reichen weit hinaus. Der Blick ist einzigartig. Rechts schaukeln Segelboote an ihren Bojen, links pflügt sich einer der Ammersee-Schaufelraddampfer auf seiner letzten Tour durchs Wasser zum Anlegesteg. Korbmöbel stehen im Sand vor Europaletten, die als Tische dienen. Palmen in Töpfen inszenieren einen Hauch Karibik-Flair. Der Beachvolleyballplatz ist beliebter Treffpunkt junger Leute. An einer Freiluft-Bar gibt's kleine Gerichte, Sandwiches, Drinks.

Eine Gönnerin, die nie genannt werden wollte, hat Herrsching dieses einst private Strandbad vermacht. Mit einer Auflage, testamentarisch verfügt: Für jedermann muss für alle Zeiten freier Zugang sein, Eintritt darf nicht verlangt werden. Auch die Toiletten sind öffentlich.

Adresse Keramikstraße 1, 82211 Herrsching, Tel. 08152/93090 | **Anfahrt** von der A 96 (Ausfahrt Oberpfaffenhofen) nach Herrsching, links in die Mühlfelder Straße, rechts in die Seestraße, rechts in die Rudolf-Hanauer-Straße, nach dem Brückchen links | **Öffnungszeiten** Kiosk: Mo–So ab 9 Uhr (bei schönem Wetter) | **Tipp** Wer nicht abhängen möchte, sondern sportlich ist: Der Ravina-Romagnano-Weg führt zum Bahnhof. Hier startet der Wanderweg durchs Kiental hinauf zum Kloster Andechs.

22 Der Weiler Rausch

Wo Obstbäume blühen wie in Südtirol

Früher einmal hat die Kapelle den Höfen »beim Schreiber« und »beim Bauern« gehört. So stand's im Kataster. Und auch heute ist das Gotteshaus noch in Privatbesitz. Die Familien Ruhdorfer und Jäger kümmern sich abwechselnd für jeweils ein Jahr. »Übergabe« ist am Mittag des Neujahrstages. Dieses Regelwerk hat seinen Ursprung darin, dass es früher nur einen Schlüssel gab. Wer also Kapellen-Dienst hat, muss fegen, Fenster putzen, die Altarwäsche pflegen und Blumenschmuck besorgen. Und an 365 Tagen die Glocke läuten. Um 6 Uhr, um 12 Uhr, um 19 Uhr. Im Winter um 18 Uhr. Darauf muss Verlass sein. Nach der Glocke regelt sich der Tagesablauf. Geläutet wird von Hand. So lange, wie der Läutende braucht, das Angelusgebet zu sprechen.

Die kleine Glocke im Dachreitertürmchen bimmelt laut über den zehn Anwesen des Weilers Rausch und den umliegenden Feldern. Heller als das Schlagen der Kirchturmuhren unten in Herrsching. Die Glocke wurde 1743 in München gegossen und stammt noch aus der Eichenholzkapelle, die früher hier am Straßenrand stand. Die neue Kapelle wurde 1833 gemauert. Geöffnet ist sie nur, wenn geläutet wird oder die Bewohner einen Rosenkranz beten, weil einer von ihnen gestorben ist. Sonst kann man durch ein Holztürchen in der Pforte, 19 mal 29 Zentimeter groß, ins Innere blicken. Vorne links sieht man eine lebensgroße Plastik des seltenen »Heiland an der Geißelsäule«, gefesselt in Ketten.

Die kleine Siedlung soll bald Dorf werden, was mehr Baurecht ermöglicht. Das gefällt nicht allen im Weiler. Einer der drei Bauernhöfe ist eine ökologisch betriebene Eierfarm. Auf dem Dach des Reiterhofs dreht sich neuerdings ein Windrad. Wenn die Apfel- und Birnbäume rund um die Enklave blühen, fühlt man sich wie in Südtirol. In der Ferne thront Kloster Andechs. Liegt es im Nebel, sagen die Rauscher, die Mönche treiben es zu bunt mit dem Weihrauch.

Adresse Rausch, 82211 Herrsching | **Anfahrt** von der A 96 (Ausfahrt Inning) nach Herrsching, nach dem Ortseingang links in die Hechendorfer Straße (Hinweis »Fahrradweg Breitbrunn«), links in die Rauscher Straße | **Tipp** Folgt man der schmalen Teerstraße hinter Rausch, führt der Weg zum Weiler Ellwang mit zwei Gehöften. Nach dichtem Wald: spektakulärer Blick auf Breitbrunn am Ammersee.

23 Das Gasteiger-Haus

Worüber die Dörfler tuschelten

Was waren das für Feste! Der Maler und Karikaturist der Zeitschrift »Simplicissimus« Olaf Gulbransson war da. Ebenso Franz von Defregger und andere Maler und Grafiker – Fritz Erler, Walter Georgi, Adolf Münzer. Eduard Thöny. Auch er hat für das freche Blatt gezeichnet und sich 1908 – unerhört damals – sogar auf dem Nachbargrundstück einen Tennisplatz anlegen lassen. Ludwig Thoma, der so schön satirisch schreiben konnte, kam gelegentlich vorbei. Im Park der Gasteigers mit Bootssteg haben sie ungezwungen gefeiert. Da haben die frommen Dörfler getuschelt. Natürlich, beim Gasteiger! Der das nackerte »Brunnenbuberl« am Münchner Stachus entgegen königlicher Anweisung mit den allerliebsten geschlechtsspezifischen Attributen ausgestattet hatte. Dabei hatte der Prinzregent höchstpersönlich um ein Feigenblatt gebeten.

Anna Sophie Gasteiger, die Blumenmalerin, und ihr Mann Mathias, der Bildhauer, gehören zur Zeit der Wende zum 20. Jahrhundert zu den namhaften Münchner Künstlern. Sie können einige Uferwiesen am Ammersee erwerben und errichten darauf von 1908 bis 1913 ein einzigartiges Jugendstil-Anwesen als Sommersitz. Mit Kamin und Wandbrunnen aus Marmor unter der Gewölbedecke des Salons. Mit Bauernstube und Atelier und von Licht durchflutetem Bad. Den Gasteigers folgen andere Kunstschaffende nach Holzhausen, das bald als Künstlerkolonie gilt. Viele Mitglieder der Vereinigung »Die Scholle« sind darunter, deren Name auf einen Reim des Schriftstellers Michael Georg Conrad zurückgeführt wird: »Musst deine eigene Scholle beackern, den siebengescheiten Nachbarn lass gackern.« Man schert sich nicht darum, was geredet wird.

Den Park rund um die Villa legen die Gasteigers im Stil englischer Landschaftsgärten an. Teichrosen gedeihen in Brunnenbecken. Eine der Sichtachsen, von Hochstammrosen und Lavendel gesäumt, führt direkt zu einer 200 Jahre alten Eiche inmitten einer Blumenwiese.

Adresse Eduard-Thöny-Straße 43, 86919 Utting-Holzhausen, Tel. 08806/699 | **Anfahrt** von der A 96 (Ausfahrt Greifenberg) Richtung Dießen, nach dem Ortsausgang Utting links Richtung Holzhausen und der Beschilderung »Gasteiger-Haus« folgen | **Öffnungszeiten** Museum: April–Okt. So 14–17 Uhr, Park: ganzjährig | **Tipp** Blick aufs Ufer: Weit hinaus in den See ragt der Schiffsanleger der Ammersee-Flotte (die Eduard-Thöny-Straße nach Süden, zweite links, Weg »Am Dampfersteg«).

24 Die Totenbretter

Ruhestätte, bis der Schreiner den Sarg brachte

Man sollte meinen, in Holzhausen, das kaum 300 Einwohner hat, habe jeder jeden Stein schon dreimal umgedreht. Wer aber die Totenbretter sucht, muss lange fragen. Wird zur romanischen Tuffstein-Kirche Sankt Ulrich geschickt, ist dort aber an der falschen Adresse. Meint, eine andächtige Seniorin auf dem Friedhof werde es schon wissen. Sie kann sich auch nicht erinnern. Die Dame schickt den Suchenden zum Sattler Vitus Wilhelm, vielleicht wisse der mehr. So geht es weiter über drei, vier Stationen, bis man im Kapellenweg angekommen ist. Nun noch einen Acker entlang, bis der Weg ein Ende hat. Dort duckt sich unter Birken die kleine Michaelskapelle.

Als Pestkapelle hat man sie im 17. Jahrhundert gebaut. Pilgerkapelle war sie, mit zwei Pforten ohne Türen – die Wallfahrer gingen auf der einen Seite hinein und auf der anderen hinaus, knieten dazwischen kurz auf der Gebetsbank vor dem kleinen Altar nieder. Der ist heute durch ein blaues Lattengitter gesichert. Durch die Ritzen kann man links und rechts acht gut erhaltene Totenbretter sehen.

Einst hat man in Oberbayern die Verstorbenen auf schlichten Fichtenbrettern zwei Tage und Nächte in der Wohnstube aufgebahrt. Danach wurde die Leiche, in Leinentuch gewickelt, auf dem Totenbrett zum Friedhof gebracht. Dort hat man sie vom Brett in die Grube rutschen lassen. Die Redensart »Er ist vom Brettl g'rutscht« stammt aus jener Zeit. Als um das Jahr 1800 Särge modern wurden, hielt man zunächst trotzdem an der Tradition der Totenbretter fest. Schließlich brauchte der Schreiner Zeit, bis er den Sarg fertig hatte. Die Bretter wurden später teils bemalt, mit dem Namen des Toten und einem frommen Spruch beschriftet. Man hat sie am Weg zur Kirche aufgestellt, um zum Gebet für den Verstorbenen zu mahnen. Die Weichholzbretter wurden nicht konserviert, damit sie schneller verfaulten. Erst dann, so der Glaube, finde die Seele des Toten Erlösung.

Adresse Kapellenweg, 86919 Utting-Holzhausen | **Anfahrt** von der A 96 (Ausfahrt Greifenberg) Richtung Dießen, kurz nach Utting links in die Adolf-Münzer-Straße, rechts in die Ammerseestraße, rechts in den Kapellenweg | **Öffnungszeiten** ganzjährig | **Tipp** Für die Bayerische Staatsoper hat die US-Sopranistin Claire Watson-Thaw 18 Jahre lang Mozart und Verdi interpretiert. Ihr Grab kann man auf dem Friedhof von Sankt Ulrich finden. Sie ist zusammen mit dem Kammersänger David Thaw beigesetzt.

25 Die tanzenden Tobinis

Christian Tobin lässt Findlinge schwimmen

Im Bauchtanz ist Christian Tobin Meister. Er selbst schreibt die Choreografie. Keine Rolle spielt, wie dick der Bauch ist, aber »er muss eine schöne Mitte haben«. Der Künstler bringt Findlingen das Tanzen bei. Formt ihre Unterseite, den Bauch, so, dass er sich auf Hundertstelmillimeter genau einer steinernen Schale anschmiegt. Wasser wird dazwischen gepresst, hebt den Findling an. Er schwimmt nun auf einem hauchdünnen Film. Abhängig von Form und Gewicht beginnt er, sich zu drehen, zu schaukeln, sanft oder im wilden Ritt. Ein spektakulärer Effekt. Jeder Stein findet seinen eigenen Rhythmus. Vor seinem Atelier choreografiert Christian Tobin ein Wasserballett. Selbst tonnenschwere Steine bewegen sich wie von Kinderhand.

Christian Tobin gilt als Erfinder wasserkinetischer Skulpturen. Viele seiner Tobinis tänzeln in Gärten im Fünfseenland. Andere, größere stehen im öffentlichen Raum. Vor der Swiss-Life-Versicherung in München, der Musikschule in Weilheim. In Chicago, Granada, Seoul, in den Londoner Kensington Gardens. Manchmal sind es große Stelen, deren obere Teile aufsehenerregend auf ihren Wasserspiegeln übereinander schwingen. Nichts verbindet sie mehr, und doch können die Säulen nach den Gesetzen der Physik nicht in sich zusammenfallen.

Christian Tobin hat sein Atelier am nördlichen Ortseingang von Riederau. Das ehemalige Betriebsgelände eines Energieversorgers bietet ihm genügend Hallen und ausreichend Freifläche. Der Bildhauer bearbeitet die Steine erst grob mit Maschinen, dann werden Schnittflächen, Bauch und Mulde, in tagelanger Prozedur mit Stahlsand passgenau gegeneinander geschliffen. Ein weiterer Themenkreis Tobins ist der Versuch, die Bewegung der Ammersee-Wellen, ihre Interferenzen und Überlagerungen, flächig in Stein festzuhalten. Der Künstler arbeitet dabei mit Wissenschaftlern zusammen, die am Deutschen Zentrum für Luft- und Raumfahrt die Erde vermessen.

Adresse Seiboldstraße 41C, 86911 Dießen-Riederau, Tel. 08807/1767 | **Anfahrt** von der A 96 (Ausfahrt Greifenberg) nach Utting und Riederau, am Ortseingang auf der linken Seite | **Öffnungszeiten** nach Voranmeldung | **Tipp** Südlich von Riederau liegt auf einer Anhöhe die alte Curry-Klinik, heute Schulungszentrum einer Bank (Curry-Park 9). Manfred Curry war Arzt und erfolgreicher Segler. Er hat die Curry-Klemme erfunden, mit der heute jedes Segelboot ausgerüstet ist.

26 Das Beinhaus

Warum sich vor der Kirche die Totenköpfe stapeln

Große, leere Augenhöhlen glotzen einen an. 37 weiße Schädel sind auf vier Brettern aufgereiht. Zähne mit langen Hälsen strecken sich kantig aus den Kiefern. Einigen Totenköpfen fehlt die Kinnlade, von anderen ist nur der Hinterkopf zu sehen. Manche Schädeldecke hat Blessuren. Unter den Schädeln hat man Knochen aufgeschichtet. Oberschenkel, Unterschenkel. Die Gebeine. Das Ossarium oder Beinhaus in einem Rundbogen vor der Kirche Sankt Georg ist kunstvoll vergittert. »Totenkerker« haben die Menschen deshalb auch gesagt. Oder bayerisch »Boanahäusl«.

Memento mori – bedenke, dass du sterben musst. Als solche Mahnung wird das Beinhaus gedeutet. Niemand, der in die Kirche will, kommt an ihm vorbei. Wer aus dem überdachten Aufgang zum Friedhof tritt, läuft ebenfalls direkt auf das Beinhaus zu. Im späten Mittelalter hat man viele solcher Ossarien gebaut. Der Autor Torsten Körner schreibt in einem Aufsatz: »Der Tod wurde zur Schau gestellt, wurde Dekor. Schädel und Gebeine feierten eine Hochzeit zwischen Todes- und Lebenslust. Das Beinhaus wurde zur Schatzkammer des Todes.« Das in Sankt Georgen ist eines der ganz wenigen in Bayern, die erhalten geblieben sind.

Es war aber kein Totenkult, der die Menschen solche Beinhäuser errichten ließ. Es waren reiner Pragmatismus und Ehrfurcht. Die Pest wütete. Die Menschen starben. Auf vielen Friedhöfen wurde es eng. Auch auf dem von Sankt Georg, einem der schönsten Begräbnisplätze im Fünfseenland. Er liegt auf einem Hügel. Die Gräber mussten regelmäßig neu belegt werden. Wenn nun die Totengräber beim Schaufeln eines Grabes auf die Überreste früherer Verstorbener stießen, brauchten sie dafür einen würdigen Platz. Aus jener Zeit stammen die meisten der Gebeine im Ossarium von Sankt Georgen. Ein langjähriger Friedhofsverwalter erinnert sich aber auch an »zwei oder drei Schädel«, die in jüngerer Zeit die Sammlung ergänzten.

Adresse Ecke St.-Georg-Straße/Waffenschmiedweg, 86911 Dießen-Sankt Georgen, Tel. 08807/948940 (Pfarramt) | **Anfahrt** von der A 96 (Ausfahrt Greifenberg) nach Dießen, rechts in die Herrenstraße, nach 600 Metern links in die Rotter Straße, links in die Johann-Michael-Fischer-Straße, rechts in die St.-Georg-Straße | **Öffnungszeiten** Kirchhof: ganzjährig; Kirche: Do 9–10 Uhr | **Tipp** Ein paar Meter entfernt gibt's im Wirtshaus am Kirchsteig Bayerisches und »bäuerliche Weltküche« (Tel. 08807/7286).

27_Der Keramikgarten

Uralte Hafner-Kunst, neu belebt

Die Krüge, Vasen, Schalen, abstrahierten Granatäpfel und Mohnkapseln tragen einen changierenden Silberglanz auf tiefschwarzem bis hellgrauem Grund. Es ist das Spiel von Flammen und Rauch, das die Objekte zu keramischen Besonderheiten gemacht hat. Gebrannt nach einer Technik, die man schon in der Antike kannte, die aber über die Jahrhunderte verloren ging. Dabei erhitzt man einen Holzfeuerofen auf bis zu 1.000 Grad Celsius, verschließt ihn luftdicht. Kein weiterer Sauerstoff kann jetzt in die Brennkammer eindringen. Fachleute nennen das eine reduzierende Atmosphäre. Sie führt zur Schwarzfärbung der Gefäße.

Der Keramiker Ernst Lösche (1923–2010) hat die uralte Technik wiederbelebt. Sohn Wolfgang und seine Frau Eva führen sie fort. Ernst Lösches Vater war Keramik-Professor, er selbst lernte das Handwerk und gründete die eigene Werkstatt. Die Lösches sitzen auf Dießens Keramik-Geschichte: Wo ihre Ateliers stehen, haben schon vor 300 Jahren Hafner gearbeitet, wie man Töpfer damals nannte. Den Werkstattbruch, der anfiel, versenkten sie in Gruben. Bei der Gartenarbeit hat Ernst Lösche die ersten Scherben gefunden, ist tiefer und tiefer in die Materie eingestiegen, selbst zum Keramik-Forscher geworden. Noch immer werden Tonnen Scherben unter dem Grün vermutet. »Sie wachsen aus der Erde«, sagt Eva Lösche. Ein kleines Museum dokumentiert die alte Hafner-Kunst.

Im Keramikgarten der Lösches dominiert aber nicht der Schwarzbrand, es sind die klassischen Dießener Fayencen. Dabei werden die Objekte weiß deckend glasiert und mit Kobaltblau und Manganbraun bemalt. »Plab und weiß« oder »Dießener Gutweiß« hieß der Stil. Auch diese Kunst erlosch im 19. Jahrhundert und kam erst bei Ernst Lösches Grabungen wieder zum Vorschein. Im Lösche-Garten sind die Kugeln und vegetativen Formen mit Spiralen, Tulpen, Vögeln und Gittermustern verziert. Mit den uralten Motiven.

Adresse Am Kirchsteig 19, 86911 Dießen-Sankt Georgen, Tel. 08807/1877 | **Anfahrt** von der A 96 (Ausfahrt Greifenberg) nach Dießen, rechts in die Herrenstraße, nach 600 Metern links in die Rotter Straße, links in die Straße Klosterhof, hier parken, rechts in den Kirchsteig | **Öffnungszeiten** »Wenn jemand zu Hause ist.« | **Tipp** Barbusige Nixen, Wassermänner – auch Ernst Lösches Tochter Dagmar Larasser ist Keramik-Künstlerin (Am Kirchsteig 21, Tel. 08807/5282).

28 Der Ammersee-Höhenweg

Panorama-Wandern und zurück mit dem Schiff

Besonders schön ist der Weg an einem milden Herbsttag, wenn das Laub schon gut Farbe hat. Aber nicht später als Mitte Oktober! Ab dann bleiben die Dampfer der Bayerischen Seenschifffahrt im Hafen, und man müsste zu Fuß am Ufer zurück. Der Ammersee-Höhenweg ist eine schöne Alternative zum manchmal lebhaften Treiben unten am Ufer. Der See wird seitlich begrenzt durch sanfte Moränenrücken, die bis zu 150 Meter aufsteigen. Das verspricht gute Aussichtslogen für einen Weitblick über das in der Sonne glitzernde Wasser, auf Kloster Andechs schräg gegenüber und die Alpenkette von Österreich bis ins Allgäu.

Der Weg schlängelt sich durch Wiesen und Felder. Mischwald dazwischen bietet Schatten. Ein guter Startplatz ist Oberschondorf. Die Lerchenstraße geht über in einen Schotterweg. Unter zwei Birken steht ein ungewöhnliches Wegkreuz, unter dessen goldfarbenem Herrgott eine ebenso strahlende Madonna Gesellschaft leistet. Getreideäcker schwingen sich über Hügelchen und durch Mulden. Rechts der filigrane Turm von Sankt Martin in Hechenwang. Mit ganz genau gemessenen 59,60 Metern soll er alle anderen Dorfkirchen im Fünfseenland überragen. Nach einem Waldstück erreicht man eine kleine Teerstraße. Hier links.

Man kann dem Weg, der mit einem A ausgewiesen ist, bis nach Dießen folgen. Abwechslungsreich ist der Höhenrücken bis Utting. Später überwiegen dichte Wälder, und der See bleibt verborgen. Ein Teil der Strecke folgt dem Verlauf einer alten Römerstraße ab Augsburg. Deutsche Kaiser nutzten sie für Italien-Fahrten und Heereszüge. Pilger machten sich zu Fuß auf den Weg nach Rom und Santiago de Compostela. Richtung Utting schlängelt sich der Weg bergab durch offenes Gelände. »Tal des Lebens«, steht auf einem Schild. Man kommt an blühenden Gärten vorbei. Nach gut zwei Stunden ist der Dampfersteg erreicht. Zurück nach Schondorf geht's mit dem Schiff. Oder man wartet auf die Bahn.

Adresse Ecke Lindenstraße/Lerchenstraße, 86938 Schondorf/Oberschondorf | **Anfahrt** von der A 96 (Ausfahrt Greifenberg) Richtung Schondorf, am Ortseingang rechts über die Gleise an der Kirche Sankt Anna vorbei Richtung Achselschwang, rechts in die Lindenstraße | **Öffnungszeiten** Kirche Hechenwang: Do 9–10 Uhr | **Tipp** Wer den Rückweg am Ufer des Ammersees nimmt, kommt an der Alten Villa vorbei: Steckerlfisch und Obazda unter mächtigen Kastanien (Seestraße 32, 86919 Utting, Tel. 08806/534456).

29 Die Badekabinen

Nostalgie in Umkleidehäuschen von 1930

Das letzte größere Wasserflugzeug, das kein funkgesteuertes Männer-Spielzeug ist, wurde vor Jahren auf dem Ammersee gesehen. Iren Dornier, Enkel des Flugzeug-Pioniers Claude Dornier, setzte nach beeindruckendem Kurvenflug mit einer 60 Jahre alten Do 24 ATT auf der »Badewanne Gottes« auf. Flankiert von Dutzenden Segelschiffen und Motorbooten, willkommen geheißen mit Sirenen. Das war im April 2009. Aber vielleicht kommt wieder mal eines. Jedenfalls wirbt Anton Ernst, Wirt des Seerestaurants Café Forster, mit seinem »Anlegesteg für Ihr Schiff oder Wasserflugzeug« auch um fliegende Gäste.

Das zum Restaurant gehörige Strandbad bietet einige Besonderheiten. Wenn Tretboot-Kapitäne auf Kreuzfahrt und Segelyacht-Skipper Appetit auf eine Renke oder die hausgemachten Kuchen haben, können sie am Anlegesteg, der 22 Meter in den See reicht, kostenfrei festmachen. Ein exklusives Angebot. Der Kiesstrand fällt seicht ins Wasser ab. Wer weit hinaus schwimmen, aber vor dem Rückweg durchschnaufen möchte, für den hat Anton Ernst im Wasser eine Ruhebank verankert. Auf dem glatt gehobelten Baumstamm, 70 Meter vom Ufer entfernt, haben zehn müde Schwimmer Platz.

Die grünen Umkleidekabinen sind der Clou im Strandbad. Wie Dominosteine in Schräglage umschließen sie die große Liegewiese und vermitteln nostalgisches Flair der Bäder-Glanzzeit. Wo sonst kann man sich umziehen in einem als Denkmal geschützten Häuschen aus dem Jahr 1930? Ein guter Quadratmeter Platz ist darin, Holzbank und Haken. Tücher vor den Lüftungsschlitzen verhindern Einblicke von außen. 30 der Kabinen werden an Tagesgäste vermietet. Noch einmal so viele haben Dauermieter aus dem Ort belegt – stolze Bewohner der günstigsten Ein-Zimmer-Appartements mit Seeblick der Welt. Die Warteliste ist lang. Ein Schondorfer Bürgermeister hat seine ganze Amtszeit vergeblich auf eine Kabine gehofft. Zwölf Jahre war er Chef im Ort.

Adresse An der Point 2, 86938 Schondorf, Tel. 08192/219 | **Anfahrt** von der A 96 (Ausfahrt Greifenberg) nach Schondorf, links in die Bahnhofstraße, links in die Seestraße bis zum Ende | **Öffnungszeiten** Strandbad: Mai–Okt. Mo–So 8–20 Uhr; Restaurant: Gründonnerstag bis Kirchweih (3. So im Okt.) Mo–So 8–20 Uhr | **Tipp** Kaum 100 Meter die Seestraße entlang Richtung Süden liegt das rot-braun gestrichene »Sonnenbad Ernst« im Stil des Art-décos. Anschauungsobjekt für Architekturstudenten aus München.

30 Die Tür von Sankt Jakob

Führte sie ins Pilger-Lager?

Nicht nur, dass sie als die älteste erhaltene Kirche am Ammersee gilt, macht Sankt Jakob so besonders. Ihr eigenwilliger Charakter ist es, der irritiert. Eigentlich ist das Gotteshaus klein, aber es wirkt wuchtig. Die Proportionen sind ungewohnt. Der Grundriss beträgt nicht einmal zehn mal 20 Meter. Fast genauso hoch wie lang ist das Kirchlein bis zum First, auf den man ein Kapellen-Türmchen setzte. Auf einem kleinen Hügel am Ufer hat es seinen Platz. Ein Treppchen führt hinauf. Ein Adeliger namens Chuonradus, der auf einem Kreuzzug ein Gelübde abgelegt haben soll, hat es vor 900 Jahren errichten lassen.

Die unverputzten Mauern aus fein geschnittenen Tuff-Quadern sind zwei Meter dick. Sankt Jakob wirkt robust, aber auch im Inneren fast nackt. Schmuck und Ausstattung sind spärlich. Andere Kirchen im Fünfseenland hat der Barock fein gepinselt, hier ist er vorbeigezogen. So viel unverfälschte Romanik ist selten. Kirchengeschichtler beschreiben das Gebäude als »kathedral«.

Die Kirche hat ein Obergeschoss mit zwei winzigen Fenstern auf beiden Seiten des Langhauses. Forscher rätseln, als was es gedient haben mag. Man liest in Archiven von einem zweiten Altar. Hat er hier gestanden? War es also ein zweiter sakraler Raum? Oder Lager für Pilger auf ihrem Weg nach Santiago de Compostela? Wurden vielleicht nur Fischernetze dort getrocknet? Eine enge Steintreppe innerhalb der Mauern führt nach oben.

Die Kirchenpforte ist an der Südseite. Das größte Geheimnis birgt eine zugemauerte Tür in vier Metern Höhe an der schroffen Westfront, die bis auf einen Lüftungsschlitz ohne Öffnung ist. Durch sie könnte man auch die Treppe ins Obergeschoss erreichen. Es gab also offenbar einen zweiten Zugang von außen. Spricht das eher für die Pilger- oder die Fischernetze-Theorie? Bei letzten Renovierungsarbeiten hat man die roten Klinker der versperrten Tür deutlich sichtbar belassen.

Adresse St.-Jakob's-Bergerl, 86938 Schondorf | **Anfahrt** von der A 96 (Ausfahrt Greifenberg) nach Schondorf, links in die Greifenberger Straße, links in die Bahnhofstraße, links in die Seestraße, auf der linken Seite | **Öffnungszeiten** Mo–So 8–19 Uhr, im Winter bis 17 Uhr | **Tipp** Manchmal steht ihnen das Wasser bis zum Hals: Am Dampfersteg schauen zwei Betonköpfe aus dem Wasser. Enten umkreisen »Die Badenden«.

31_Wilhelm Leibls Quartier

Wo sich der Maler so unglücklich verliebte

Die Interpretationen des Werkes des Malers Wilhelm Leibl sind vielfältig. Sie reichen von »der bedeutendste Bildnismaler seit Rembrandt« bis zu »Meister bajuwarischer Folklore«. Leibl (1844–1900) war ein Vertreter des Realismus. Ein Menschen-Maler. Er malte Bäuerinnen, Bauernmädchen, Möbelhändler, Apotheker. Seine Bilder sind wirklichkeitsnahe Darstellungen, nichts romantisch Verklärtes ist an ihnen. Leibls berühmtestes Werk »Die drei Frauen in der Kirche«, Öl auf Holz, ist in der Hamburger Kunsthalle zu sehen. Vier Jahre lang hatte der Künstler dafür drei Bäuerinnen in einer Kirchenbank Modell sitzen lassen. Nur an Sonntagen und im Winter hatten die Damen frei. Leibl konnte für wenige Quadratzentimeter einen Monat brauchen. »Übereilen darf ich mich nicht.« Eine Reproduktion des Gemäldes hängt in der Wirtschaft Zum Wastl in Schondorf.

Leibl, der an der Akademie der Bildenden Künste in München studiert hat, zieht 1875 aufs Land. Zwei Jahre bleibt er in Schondorf. Wilde Geschichten erzählt man: Leibl, ein Hüne, sei bei Wirtshausraufereien gern dabei gewesen. Habe sechs Maß Bier am Abend gut und gern geschafft. In Schondorf verliebt sich Wilhelm Leibl unsterblich in die junge Wirtstochter Resl. Aber die Eltern verbieten die Liaison. Trotzdem wird Leibl Vater eines Buben. Als der Sohn nach neun Monaten stirbt, verzweifelt der Maler, flüchtet. Seiner großen Liebe setzt er ein Denkmal. Im Bild »Das ungleiche Paar« sitzt ein Mädchen neben einem unrasierten alten Mann, der seinen Arm um die Schöne legt. Es ist im Städelschen Kunstinstitut in Frankfurt am Main ausgestellt.

Beim Fischer im Eckhaus an der Seestraße hatte Leibl zwei Zimmer gemietet. Hier malte er auch seinen Jäger-Freund, den Freiherrn Anton von Perfall. Ihm überließ Leibl bei der Abreise all seinen Hausrat. Als der Baron diesen später verbrannte, explodierten Schrotpatronen zwischen den Sachen.

Adresse Ecke Seestraße / Bahnhofstraße, 86938 Schondorf | **Anfahrt** von der A 96 (Ausfahrt Greifenberg) nach Schondorf, links in die Greifenberger Straße, links in die Bahnhofstraße, bis zum Ende, auf der rechten Seite | **Tipp** Gegenüber von Leibls Quartier erinnert in den Seeanlagen eine Stele an Hans Pfitzner (1869–1949), der zehn Jahre in Schondorf lebte. Er war Schriftsteller, Komponist und Dirigent der Münchner Philharmoniker.

32 Der Hafen der Raddampfer

Seit 100 Jahren pflügt die »Dießen« die Wellen

Schalapp, schalapp, behäbig schlagen die roten Schaufeln der »Dießen« ins Wasser. Rotieren jetzt schneller. Links und rechts spritzt Gischt. Das Schiff nimmt Fahrt auf und lässt Strudel hinter sich. Man kann sich das gut vorstellen: Elegante Damen mit weiten Kleidern und weißen Sonnenschirmchen werden von Herren im Sonntagsanzug und mit Zylinder über das Außendeck geleitet. So war das vor mehr als 100 Jahren. Und auf dem Schiff hat sich sichtbar seither nichts verändert.

Der Nostalgie-Dampfer ist der Veteran der Ammersee-Flotte. Die 50 Meter lange »Dießen« wurde 1908 gebaut. Bis 1974 wurde der Schaufelraddampfer tatsächlich von Kohle und Dampf angetrieben, danach von Dieselaggregaten. Wer also dem Charme der guten, alten Zeit nicht zugetan ist, kann superkorrekt Schaufelradmotorschiff sagen. Die anderen schwelgen in Retro-Gefühligkeit. So pflügt die »Dießen« die Wellen des Ammersees, den man den »Bauernsee« nennt.

Im Jahr 2005 hat man die »Dießen« noch einmal gründlich überholt. Natürlich ist sie mit digitaler Technik ausgerüstet. Neuerdings sogar mit WLAN für die Gäste. Der Anleger im abgelegenen Stegen ist Heimathafen des Schiffes. Hier startet es am Morgen zu Rund- und Erlebnisfahrten. Hier macht es jeden Abend fest. Neben den konventionellen Motorschiffen »Utting« und »Augsburg« und dem zweiten Schaufelradschiff »Herrsching«, 2002 nach dem Vorbild der »Dießen« gebaut. Die Ammersee-Schiffe überwintern hier auch. Und das ist – wenn kaum noch Touristen kommen – vielleicht die beste Zeit an diesem Ort. Sobald das Eis im flachen Uferbereich die Schiffe fest im Griff hat, der Himmel im schönsten Blau strahlt und die Sonne die schneebedeckte Zugspitzkette am Horizont zur beleuchteten Kulisse macht.

Adresse Landsberger Straße 81, 82266 Inning-Stegen, Tel. 08143/94021 (Ammersee-Schifffahrt) | Anfahrt von der A 96 (Ausfahrt Inning), an der Ampelkreuzung Richtung Eching, nach 1,8 Kilometern links | Öffnungszeiten Fahrzeiten zwischen Ostersonntag und Kirchweih (3. So im Okt.), Fahrplan unter www.seenschifffahrt.de/ammersee | Tipp Wenn einer kein Seefahrer ist: Von der Strandbar aus lässt sich das Treiben am Steg gut beobachten (Tel. 08143/992800).

33__Der Sieben-Brückerl-Weg

Ein Spaziergang wie ein Abenteuer

Für Radfahrer ist das nichts. Wer es mit dem Mountainbike trotzdem versucht, wird verärgerte Blicke der Wanderer auf sich ziehen. Der Ammersee, drittgrößter bayerischer See, ist wahrscheinlich hier am ursprünglichsten – wo der Sieben-Brückerl-Weg am Ostufer die Inninger Ortsteile Stegen und Buch verbindet.

Vom Parkplatz geht es zunächst ein paar hundert Meter die Straße entlang, vorbei am Biergarten des Seehauses Schreyegg. Geradeaus wird in der Alten Brauerei süffiges Ammersee-Bier hergestellt. Vorher schwenkt man leicht rechts auf die Seepromenade ein. Hier ist das Gelände noch weitläufig, der breite Kiesstrand fällt seicht ab. Historische Boots- und Badehäuser mit Treppen ins Wasser und mancher Verzierung stützen sich gegenseitig. Dort, wo links die Bergstraße abgeht, die Radlern zu empfehlen ist, wird es kurz hinterm Bootslager schmal. Das erste Brückchen ist schnell erreicht, Rundhölzer queren einen Bachlauf, der nur zur Schneeschmelze Wasser führt. Der Pfad steigt weiter an. Nun geht es durch hohen Mischwald das Höhenufer längs. Mal hinunter zum nächsten Brückerl, dann wieder hinauf. Die knorrigen Wurzeln der Hochstämme dienen als ausgelatschte Stufen. Immer wieder gibt das Blattwerk den Blick auf den See und die geliebte Kitschkarten-Landschaft frei. Nachmittagssonne sorgt dafür, dass geschützte Frühjahrsblüher hier besonders zeitig zwischen Laub und Moosen spitzen. Nach einer Stunde ist der Dampfersteg des Örtchens Buch erreicht. Als der Freistaat die Anlegestelle nicht instand setzen, Buch vom Fahrplan der Ammersee-Flotte streichen wollte, haben Bürger und Spender das verhindert. Buch ist immer noch mit dem Schiff erreichbar.

Zurück geht's unten am Wasser entlang. Vom Höhenweg steigt man eine steile Treppe hinunter. Viel Totholz stellt sich nun in den Weg, muss überklettert werden. Ein Spaziergang wie ein Abenteuer. Am späten Nachmittag besonders schön.

Adresse Landsberger Straße, 82266 Inning-Stegen | **Anfahrt** von der A 96 (Ausfahrt Inning), an der Ampelkreuzung Richtung Eching, nach 1,8 Kilometern links | **Tipp** Die Landsberger Straße Richtung Inning umkreist einen Hügel, auf dem Thomas Gottschalk ein Schlösschen bewohnte. In Inning rechts in die Straße Marktplatz. Im Kaiserhaus soll Heinrich II. im Jahr 1021 übernachtet haben, als er mit 60.000 Soldaten nach Italien zog (Marktplatz 10).

34 Bertolt Brechts Ferienhaus

In Utting schrieb er Szenen der Dreigroschenoper

Nostalgie-Fahrten mit Dampflokomotiven werden heute gelegentlich angeboten, früher schleppten sie regelmäßig Badezug-Waggons voller Sommerfrischler von Augsburg an das Westufer des Ammersees. So lernt auch Bertolt Brecht (1898–1956) schon als Kind die Freizeitidylle schätzen. 1919 verbringt er mit seiner Jugendliebe Paula Banholzer – er nennt sie »Bi« wie »bittersweet« – hier innige Zeiten. Die 17-Jährige wird von ihm schwanger, heiraten darf Brecht das Mädchen aber nicht. Auch Ende der 1920er Jahre zieht es den Dramatiker von Berlin aus immer wieder an den See. In einer Uttinger Pension überarbeitet er mit Kurt Weill 1928 die letzten Szenen der Dreigroschenoper. Mit Helene Weigel und den Kindern Stefan und Barbara verbringt er die folgenden Sommer im nahen Schondorf. 1932 kann Brecht, jetzt erfolgreich, in Utting dem Ritter von Reiss, pensionierter Chef der bayerischen Landespolizei, dessen Haus in der Straße Im Gries abkaufen. Nur wenige Monate wird er es nutzen.

Das Flachsattelhaus hinter einer dichten Hecke, mit blauen Fensterläden und stark mit wildem Wein bewachsen, hat zwar einen Glasanbau bekommen, aber die neuen Besitzer haben den ursprünglichen Charakter doch bewahrt. Brecht schwärmte von der Innentreppe aus edlem Holz mit flachen Stufen, von mächtigen, eisernen Öfen. Vor allem aber vom riesigen Garten mit hohen Fichten, Karpfenteich und unzähligen weiß blühenden Rhododendren. Davon ist nicht viel geblieben. Grundstücke sind knapp am Ammersee. Neubauten sind dem alten Haus sehr nahe gerückt.

Schon im Februar 1933 muss Bertolt Brecht sein Ferienhaus aufgeben, er flieht vor den Nazis ins Exil. »Zeit meines Reichtums« überschreibt er ein Gedicht, das sich dem Haus am See widmet: »Sieben Wochen meines Lebens war ich reich / Vom Ertrag eines Stückes erwarb ich ein Haus in einem großen Garten / Ich hatte es mehr Wochen betrachtet, als ich es bewohnte.«

Adresse Im Gries 3, 86919 Utting | Anfahrt von der A 96 (Ausfahrt Greifenberg) nach Utting, links in die Straße Seefelderhofweg, links in die Mühlbachstraße, am Brückchen rechts in die Straße Im Gries | Öffnungszeiten Das Haus ist Privateigentum. | Tipp Die Straße mündet in die Mühlstraße, weiter bis zum See: Der hölzerne Zehn-Meter-Sprungturm im Strandbad ist Wahrzeichen des Ortes.

35 Der Bio-Wochenmarkt

Musikanten unterhalten die Kunden

Von Anfang Mai bis Ende Oktober kommt Ute Jesina am Samstag erst um zwei Uhr morgens ins Bett. Sie hat dann den ganzen Freitag am Ofen gestanden und elf, zwölf Kuchen gebacken. Ihren berühmten Birnen-Ingwer-Kuchen. Die Eiskaffee-, die Limetten- und die Erdbeer-Ricotta-Torte. Oder den Mohnstreusel. »Möchten Sie probieren?« Sie lässt die Kunden naschen, bevor sie kaufen. Manche bringen eigene Rezepte mit, und Ute Jesina probiert diese dann aus. Sie betreibt den Kuchenstand auf dem Uttinger Wochenmarkt. Der Bund Naturschutz hat ihn einst gegründet. Jetzt führen die Marktfrauen ihn selbst, und Ute Jesina ist ihre Sprecherin.

Haus- und Landfrauen stehen hinter den wenigen Ständen. Sie bieten Selbstangebautes und Selbstgemachtes an, Bioprodukte aus der Region und Italien. Obst, Gemüse, Ziegen- und Schafskäse, Pesto, Wurst, frische Gockerl vom Bauernhof (auf Bestellung), Olivenöl, Balsamico. Manchmal gesellt sich eine Künstlerin mit Schmuck aus eigener Manufaktur dazu. Im Zentrum des Ensembles steht ein überdachter Probiertisch. Man kann hier von jedem Anbieter »Versucherle« verkosten, ratscht ein wenig, genießt die dörfliche Atmosphäre. Gelegentlich untermalen Musikanten den Vormittag, kommen mit Gitarre und Akkordeon und fordern zum Mitsingen auf. Bezahlt wird auf dem Markt mit Euro oder der Regionalwährung Ammerlechtaler. Der stärkt die lokale Wirtschaft, und zwei Prozent kommen sozialen Zwecken zugute.

Vielleicht der schönste Stand ist der von Renate Wecker. Die »Wiesen-Königin« wird sie auch genannt. Hemdknöpferl, Storchenschnabel, Wetterkerzen, Eselsdisteln und andere Wildblumen und Getreide – Arme voll davon trägt sie kurz vor dem Markt zusammen und bindet sie zu bunten Sträußen. Manche der Blumen hat sie im Frühjahr gesät, »da, wo der Mann nicht mit dem Bulldog fährt«. Schnell ausverkauft ist ihr »Erdbeer-Limes«. Aus Erdbeeren, Wodka und Zitronensaft gemixt.

Adresse Ende der Mühlbachstraße, 86919 Utting, Tel. 08806/1655 (Marktsprecherin) | Anfahrt von der A 96 (Ausfahrt Greifenberg) nach Utting, links in die Straße Seefelderhofberg, links in die Mühlbachstraße | Öffnungszeiten Mai – Okt. Sa 9 – 12.30 Uhr, Bäcker ab 8 Uhr, Weihnachts- und Ostermarkt | Tipp Durch den Bert-Brecht-Weg zur Mühlstraße, dann in die Seestraße zur Familie Marx. Sie fischt seit 500 Jahren im Ammersee. Die Segelschule ergänzt heute das Geschäft.

36 Das Kalte Krematorium

Tod durch Arbeit für Hitlers Wahn

Die Köpfe der 14 Figuren sind schemenhaft. Trotzdem sind Angst und Schrecken über Erlebtes in den Gesichtern auszumachen. Mühsam und gebeugt schleppen sich die ausgemergelten Gefangenen voran. Der Bildhauer Hubertus von Pilgrim hat das Mahnmal gestaltet. Es erinnert an den Todesmarsch: Im April 1945 treiben SS-Schergen Tausende unterernährte KZ-Häftlinge von Dachau aus Richtung Alpen. Auch die aus dem Außenlager Utting sind darunter. Vorher hatten sie sich bei Schnee und Kälte nach Dachau schleppen müssen. 1.000 bis 3.000 – die Angaben schwanken – sterben unterwegs. Erschöpft von den Strapazen. Oder durch die Hand der SS. Erschossen. Erschlagen. Von Hunden zu Tode gebissen.

In Utting müssen die KZ-Häftlinge von einer Kiesgrube östlich der Straße nach Dießen Schienen verlegen bis zum Gelände der Baufirma Dyckerhoff. Dort stellen sie bis kurz vor Kriegsende Beton-Fertigteile her für Hitlers letztes wahnwitziges Rüstungsprojekt. Im Raum Kaufering/Landsberg lässt er gigantische unterirdische Bunker-Flugzeugfabriken bauen mit den Decknamen »Weingut« und »Walnuss«. Der erste Düsenjäger der Welt soll dort in großer Stückzahl zusammengeschraubt werden. Zigtausende arbeiten in vielen KZ-Außenlagern in Bayern für dieses Projekt. In Utting sind es 500 Männer vor allem aus Ungarn, Polen, Litauen.

Abba Naor, ein Geretteter: »Jede Minute ging es ums Überleben. Das Wichtigste war, Freunde zu haben.« Die Häftlinge schuften zwölf Stunden am Tag. Abends bekommen sie eine wässrige Suppe und eine Scheibe Brot, das zu einem Drittel aus Sägemehl besteht. Spärlich bekleidet schlafen sie dicht an dicht in feuchten, langen Gruben, mit Brettern zeltartig überdacht. Fleckfieber, Typhus, Tuberkulose breiten sich aus. Das »Kalte Krematorium« nennen die Gefangenen das Lager. Wer das nicht aushält, wird nach Auschwitz geschickt, vergast und verbrannt. Wo die Betonfabrik stand, liegt heute die Schönbach-Siedlung.

Adresse Ecke Schönbachstraße / Holzhauser Straße, 86919 Utting | **Anfahrt** von der A 96 (Ausfahrt Greifenberg) nach Utting, am Ortsende links in die Hofstattstraße, rechts in die Laibner Straße, rechts in die Holzhauser Straße, nach 800 Metern auf der linken Seite | **Tipp** Am Ende der Schönbachstraße gelangt man über einen Feldweg und durch ein Tor mit Davidstern auf einen kleinen Waldfriedhof. 27 KZ-Opfer sind hier begraben.

37 Das Selzam-Schlössl

Gästehäuser mit Privatstrand

Preziosen sind ja selten günstig zu haben. Dass Gisela und Friedrich-Karl von Selzam in ihr Juwel viel investiert haben, ist leicht zu erkennen. Ausdauer, 20 Jahre stetige Arbeit. Leidenschaft vor allem. Und es scheint, als sei diese noch immer unbändig. So hat ihr Seeschlössl zu alter Herrlichkeit zurückgefunden. Mit steilem Satteldach und spitzen Erkertürmchen ist es Mittelpunkt eines ummauerten Anwesens. Jedes Wetterfähnchen, das Wappen-Relief am Giebel, die steinerne Balustrade, das Innenleben sowieso, alles ist mit Liebe zum Detail rekonstruiert. »Es muss auch Idealisten geben«, sagt der Hausherr.

Er wurde geboren in dieser neugotischen Villa. Sein Großonkel, der Maler Eduard Selzam, hat sie ab 1890 bauen lassen. Damals zieht es manche Münchner Kunstschaffende ans Westufer des Ammersees. Die Bauern verkaufen ihnen die Seeparzellen gern. Sie sagen: »Was wollen die dummen Künstler mit den sauren Wiesen am Ufer?« Eduard Selzam lässt den Baumeister Johann Berchtold ein schlossartiges Haus errichten. Der größte Raum wird das Atelier mit vier Meter hohem Fenster. Fachwerkanbauten und Ställe für Pferde und Ziegen kommen später dazu, weil die Frau des Malers Tiere so mag.

Als Friedrich-Karl von Selzam das Anwesen erbt, ist es in einem bedauernswerten Zustand. Das Atelierfenster ist zugemauert, der Schlosspark ein Urwald. Nach Plänen aus Archiven restaurieren die von Selzams die Villa. Der Holztisch in der getäfelten Südtiroler Stube, von wo aus schon der Großonkel den Seeblick genoss, ist jetzt auch ihr Lieblingsplatz. Warum das »Läster-Weiberl« auf dem Eckschrank, vom Vorfahren selbst geschnitzt, eine Krone auf dem Kopf trägt, kann niemand erklären.

Aus den Stallungen und der Unterkunft der letzten Magd Moni und des Knechtes Kasper sind liebevoll eingerichtete Ferienhäuser geworden. Jedes hat Seezugang. Jedes seinen eigenen Strand.

Adresse Eduard-Thöny-Straße 19, 86919 Utting, Tel. 08806/7056 | Anfahrt von der A 96 (Ausfahrt Greifenberg) nach Utting, dort links in die Straße Seefelderhofberg, links in die Straße Am Dorfbrunnen und sofort rechts in die Bahnhofstraße bis zum Ende, nach dem Bahnübergang rechts | Öffnungszeiten auf Anfrage | Tipp Gegenüber des Schlösschens pflegen Naturschützer eine historische Streuobstwiese. Schafe erledigen die Mäharbeiten.

38 Die weiße Säule

Orientierungspunkt für Andechs-Pilger

Was tun, wenn das Boot voll ist? »Wart's halt a Weil!«, soll der Fischer den Pilgern zugerufen haben, die nach einem Bittgang auf den Heiligen Berg und Einkehr ins Stüberl der Klosterbrauerei Andechs zurück nach Dießen am Ostufer des Ammersees wollten. Er werde schon wiederkommen, versprach der Fährmann, und auch die restlichen Passagiere hinüberrudern. So erklärt man den Namen des Herrschinger Ortsteils Wartaweil, der trotz drei Kilometern Länge ohne eine einzige Gemeindestraße auskommt, wo aber jeder Bewohner freien Zugang zu einem Badestrand hat.

Damals fahren noch keine Dampfer über den See, und der Fußweg um die Feuchtgebiete des Ammerdeltas ist beschwerlich. Schon 1629 errichten die Fährleute eine Tuffstein-Säule, weiß gekalkt, als Orientierungspunkt zur Überquerung des Sees. Ganze Dorfgemeinschaften werden übergesetzt, um in Andechs ihre Votivkerzen aufzustellen. Von der weißen Säule aus steigen die Wallfahrer über das Dorf Ramsee im Wald hinauf zum Kloster. Die Säule ist auch Sammelpunkt für die Heimfahrt. »Zur weißen Saul« wird die Uferstelle genannt. Später heißt sie »Einöd zur weißen Säule«, nachdem der Fischer Joseph Bäck aus Mühlfeld 1819 hier ein einsames Haus gebaut hat. Die Säule ist in den warmen Monaten hinter dichtem Laub versteckt. Vom Naturschutzzentrum aus findet man sie 200 Meter am Ufer entlang Richtung Süden. Der Tuffstein ist arg verwittert. Vorne sind die Buchstaben W, H, K eingemeißelt, das H ist von einem Herz umfasst. Welche Bewandtnis die Initialen haben, ist ungeklärt.

Es gibt noch eine zweite Deutung des Namens Wartaweil. Nicht die Fischer hätten die Wallfahrer auf eine zweite Überfahrt vertröstet. »Wart's halt a Weil!«, so hätten die frommen Pilger den Fährleuten angekündigt, dass es diesmal wohl etwas später werden könnte mit dem Abstieg vom Heiligen Berg. Weil das Bier droben einfach sakrisch gut schmeckt.

Adresse Wartaweil, 82211 Herrsching-Wartaweil | **Anfahrt** von der A 96 (Ausfahrt Oberpfaffenhofen) nach Herrsching, am südlichen Ortsende rechts Richtung Weilheim, nach 3,3 Kilometern über die Straßen Mühlfeld und Wartaweil, parken gegenüber dem Naturschutzzentrum | **Tipp** Villa Habersack heißt das Haus, das Berta Habersack dem Bund Naturschutz als Jugendtreff gestiftet hat. Sehenswert ist die Wasserbaustelle.

39_Die Drumlins

Über Moränen laufen und dann in den Oberen Weiher

Der Sumpf-Siegwurz ist eine seltene Schönheit. Von eleganter Gestalt. 60 Zentimeter groß kann die Blume werden. Sumpf-Gladiole wird sie auch genannt. Die Wildpflanze ist als »stark gefährdet« eingestuft. Wo sie aber wächst – es sind nur wenige Flächen in Deutschland – verzaubert im frühen Sommer ein Meer aus purpurroten Blüten. Am Mesnerbichl inszeniert die Natur im Juni solch wogendes Schauspiel.

Es ist die Landschaft der so charakteristischen Drumlins. Diese tropfenförmigen Moränenhügel sind in der letzten Eiszeit entstanden. Gesteinsschutt lag den vorstoßenden Gletschern im Weg und wurde von ihnen neu geformt. Die Drumlins liegen längs zur damaligen Bewegung des Eises. Man findet sie gestaffelt in Gruppen. Drumlin – das Wort kommt aus der Sprache der Kelten, meint einen kleinen Rücken.

Die Drumlins südlich von Andechs sind eine Seelenlandschaft. Vom Parkplatz am Hirschgehege geht man ein paar Meter zurück zum Fahrweg »Am Eisweiher« und scharf rechts Richtung Süden. Voraus jetzt die Alpenkette, im Rücken der Heilige Berg und der Turm von Sankt Vitus in Erling. Der Weg schlängelt sich an Schobern vorbei, sanft steigt er an. Die Drumlins sind nun gut auszumachen. Links der Stephansbühel (732 Meter). Die Kapelle darauf ist nicht spektakulär, ein Abstecher zum Gipfel lohnt trotzdem. Zurück auf dem Weg führt ein Hinweis nach Südwest zum Mesnerbichl (729 Meter). Nicht nur der Sumpf-Siegwurz begeistert Botaniker, auch das Berghähnlein wächst hier, der gelbe und der stengellose Enzian, die Mehlprimel, das Knabenkraut. Die weißen Blüten des Windrösleins kann man sonst nur in den Alpen sehen. Eine kleine Sensation.

Der Rundweg führt nach Norden in dichten Forst. Links geht ein Trampelpfad hinauf zum Oberen Weiher. Menschen trifft man hier kaum. Das Gewässer ist rundum zugewachsen, versteckt im Wald. Über wenige Stege gelangt man ins Wasser.

Adresse Kerschlacher Weg, 82346 Andechs-Erling | **Anfahrt** von der B 2 über Traubing und Machtlfing zum Andechser Ortsteil Erling, nach dem Hotel Zur Post links in den Kerschlacher Weg, Parkplatz am Wildgatter | **Tipp** Am Abzweig zum Mesnerbichl geht's geradeaus weiter nach Machtlfing. Das 100 Jahre alte Gasthaus Höfler mit Biergarten hat Freitag bis Sonntag ab 10 Uhr geöffnet (Tel. 08157/1772).

40 Der Goribäck

Holzriesen vom Naturkostbäcker

Mag sein, dass dies ein Vorurteil ist: Norddeutsche kennen ja kaum gutes Brot. Mögen es aber schon. Man hat von Menschen gehört, welche nahe der dänischen Grenze leben, die beim Goribäck in Andechs vorbeifahren, sobald sie einen Termin im Fünfseenland haben. Montags und am Donnerstag, morgens um acht Uhr. Wenn die Holzriesen warm aus dem Ofen kommen. Zwei Kilo leckeres Natursauerteigbrot. Drei Viertel Roggen, ein Viertel Weizen aus regionalem Anbau. »Am besten ist es, wenn es einen Tag alt ist«, sagt Bäckermeister Christoph Benedikter. »Dann kommt der Geschmack feiner heraus.«

Er hat Mehl unter den Augen, als er um 6.45 Uhr die Brotlaibe mit dem Schieber in den Holzofen einschießt. Der steht draußen vor dem Laden. Um 4.30 Uhr hat Christoph Benedikter eingeheizt, um zwei stand er in der Backstube bei seinen drei Gesellen. Fichte und Lärche nimmt der Bäcker für den Ofen. »Harzhaltige Hölzer sind besser fürs Aroma.« Er muss das Feuer im Auge behalten. Jede halbe Stunde legt er nach. Ist es im Ofen 320 Grad heiß, fegt er die Asche hinaus, lässt die Temperatur auf 270 Grad abfallen – und schiebt die Laibe hinein. Zehn haben Platz. Dienstags und samstags wird Holzofenbrot mit Quark gebacken (60 Prozent Weizen, 40 Prozent Roggen). Mittwochs und freitags bleibt der Ofen kalt.

Goribäck heißt das Haus, weil der erste Bäcker Georg hieß. Das war 1641. So lange schon durchzieht der Duft von frisch gebackenem Brot die Räume. 1990 haben Bianka und Christoph Benedikter den Betrieb übernommen. Kurz vor acht Uhr duftet das ganze Viertel nach den Benedikter-Riesen. Der Meister stellt die Bretter bereit, auf denen die Laibe auskühlen sollen. Einen nach dem anderen zieht er aus dem Ofen. Klopft mit den Knöcheln gegen die Unterseite. Hohl muss es klingen. Zwei, die ganz vorne lagen, schiebt er für ein paar Minuten wieder hinein. Kurz nachbacken, dann sind auch sie fertig.

Adresse Andechser Straße 25, 82346 Andechs-Erling, Tel. 08152/1291 | **Anfahrt** von der A 96 (Ausfahrt Oberpfaffenhofen) nach Herrsching und Andechs, links in die Andechser Straße | **Öffnungszeiten** Mo–Fr 7–18 Uhr, Sa 7–13.30 Uhr | **Tipp** Zum frischen Brot einen guten Kaffee? Frisch geröstet kann man ihn in der Andechser Kaffeemanufaktur probieren (Herrschinger Straße 21, Tel. 08152/9986575).

41_Hembergers Hirschhof

Frischfleisch von 200 Jungtieren jährlich

Wild-würzig riecht es im ganzen Haus. Nach Hirschrohschinken. Nach Hirschrohsalami. Mit Rotwein. Mit Champagner. Nach Wildtopf mit Maronen und Feigen. Nach Hirschhexenwürstl. Nach Hirschwildererwürstl.

Wer Glück hat und im Oktober kommt, kann auf der Weide hinter dem Schlachthaus den Zuchtbock Schorsch röhren hören. Oder den Max oder den Moritz in anderen Revieren am Rand von Andechs. Voneinander getrennt sind sie die drei Platzhirsche in einem Harem von je 40 Kühen. Die Rotwild-Sultane sind Kraftpakete. 24-Ender, 26-Ender. Jedes Jahr stoßen sie das prächtige Geweih ab, und jedes Jahr wächst es in ganzer Pracht nach. Max entledigt sich immer genau am 14. Februar seines imponierenden Kopfschmucks. »Andere Frauen bekommen zum Valentinstag Blumen«, sagt Anneliese Hemberger, die Chefin im Haus. »Ich bekomme ein Geweih.« In der Paarungszeit haben die Zuchtböcke harte Arbeit zu leisten, sie verlieren 20 Prozent ihres Gewichts. Mit im Harem äsen die Jungtiere vom vergangenen Jahr. In einem weiteren Gehege die Tiere, die für die Metzgerei vorgesehen sind. Ein bronzener Hirschkopf mit Glöckchen hängt an der Tür zum Schlachthaus. Hier zerwirkt Eugen Hemberger die Tiere für die Produkte des Hofladens. »Unser Wild wuidelt ned so«, sagt Anneliese Hemberger. Tatsächlich: Das Fleisch hat keinen herben Nachgeschmack, ist besonders zart. Das hat seine Gründe: Eugen Hemberger erschießt seine Tiere wie ein Jäger. Die Kugel ist schneller als der Knall. Die Hirsche haben keinen Stress und schütten keine Überdosis Adrenalin aus. Das Fleisch bleibt rein. Die Schlachttiere werden außerdem nur wenig älter als ein Jahr. 200 sind es jährlich.

Sterneköche schätzen diese Qualität und ordern auf dem Hirschhof. Anneliese Hemberger managt außerdem ein Trachten-Laderl im Haus, und die Eheleute führen das Hotel Zur Post. Geweihe, mit Strass verziert, gehören zur Deko der Zimmer.

Adresse Starnberger Straße 2, 82346 Andechs-Erling, Tel. 08152/3433 | **Anfahrt** von der A 96 (Ausfahrt Oberpfaffenhofen) nach Herrsching und Richtung Weilheim, nach Ortsende links den Berg hinauf, nach vier Kilometern auf der rechten Seite | **Öffnungszeiten** Hofladen: Ende Okt.–März Mi–Fr 14.30–18 Uhr, Sa 8–12 Uhr; Hotel: ganzjährig | **Tipp** Gegenüber dem Hotel hat man die alte Dorfschmiede restauriert. Der Eichenholzblock, auf dem der Amboss steht, ist aus dem Jahr 1571.

42 Der Kunst-und-Bier-Garten

Kreatives Symposium unterhalb des Bräustüberls

Alles wird gut. Im Himmel gibt's Bier! Jedenfalls wird davon auf dem Heiligen Berg, wo das Kloster Andechs steht, sichtbar Zeugnis abgelegt. Und wenn Mönche das beglaubigen, wahre Meister des Reinheitsgebots, dann kann das nicht gelogen sein. Unterhalb des Bräustüberls sitzt auf der vorletzten Sprosse einer Holzleiter ein Engel mit lockigem Haar und weitem Gewand. In der rechten Hand hält er ein Bierglas. Unter ihm ein roter Sessel, der Betrachter zum Verweilen einlädt. »Der Besucher macht eine Pause, und wer ruht, der sündigt nicht. So kann auch der Engel eine Pause machen. Der Mensch und sein Schutzengel – beide können die Pause mit einem Bier genießen.« Das will uns der Künstler damit sagen. Carsten Dreger hat die Holz-Installation aus Eiche und Lärche gefertigt. Aber er scheint doch Zweifel zu haben, hat noch ein Fragezeichen hinzugefügt. »Im Himmel gibt's kein Bier?« ist der eigentliche Titel seines Kunstwerks.

Wer vom Parkplatz den rechten Aufstieg zum Kloster nimmt, erreicht einen Skulpturenpark. Die meisten der Figuren sind aus Holz, wenige aus Stein oder Metall. Alle haben mit Bier zu tun. Eine Säule geschichteter Holzwürfel soll aufsteigende Perlen im Bierglas symbolisieren. »Bierzeltgarnitur« hießen sechs Musikanten auf Eichenstelen des Bremer Künstlers Reinhard Osiander. Die »Breze« ist aus Stein.

Für jeweils eine Woche treffen sich in Andechs Künstler zum jährlichen »Symposium Kunst und Bier«. Vor Zuschauern fertigen sie ihre Objekte an. Die Gemeinde, das Kloster und die Georg-Zentgraf-Stiftung sind Veranstalter der Sommer-Akademie. Mäzen Georg Zentgraf war Direktor einer Brauerei-Lehranstalt, der Vater Steinbildhauer. Einmal zeigte eine der Arbeiten, die in Andechs entstanden sind, einen Mann, der barfuß auf seinem Auto steht. Er hat ein wildes Tier auf dem Kopf. Der Titel: »Denk' daran, dass du heute noch nach Hause fahren musst.«

Adresse Bergstraße 2, 82346 Andechs-Erling | Anfahrt von der A 96 (Ausfahrt Oberpfaffenhofen) Richtung Herrsching, nach der Kreuzung unterhalb von Schloss Seefeld links nach Widdersberg und Andechs | Öffnungszeiten ganzjährig | Tipp Nach Voranmeldung gibt es Führungen durch die Klosterbrauerei (Mo – Do, eine Stunde, Tel. 08152/376253). Mit seinen Wirtschaftsgütern finanziert das Kloster Andechs die Abtei Sankt Bonifaz in München.

43__Das Mausloch

Hier war der Schatz des Heiligen Bergs versteckt

Das »Heiltum« der Wallfahrtskirche Andechs ist ein großartiger Reliquienschatz. In Deutschland vielleicht nur vergleichbar mit dem Dreikönigsschrein im Kölner Dom. Zu den Andechser Kostbarkeiten gehören ein Span vom Kreuz Christi, ein Zweig aus der Dornenkrone und die Heiligen Drei Hostien. Zwei der Wunderhostien werden auf Papst Gregor den Großen (um 540–604) zurückgeführt. Während der Eucharistiefeier sollen ihm darauf ein blutendes Kreuz und ein blutiger Finger erschienen sein. 400 Jahre später widerfuhr Papst Leo IX. (1002–1054) Ähnliches: Er erkannte ein Blut-Monogramm Jesu auf dem Abendmahlbrot. Diese Reliquien haben den Andechser Burgberg zum Heiligen Berg Bayerns gemacht.

Die Andechser Grafen, fromme Männer, haben diese »Heiltümer« gesammelt. Den Anfang machte Graf Rasso, der erste Schätze von den Kreuzzügen mitbrachte. Aber das Grafengeschlecht starb aus, die Burg wurde Mitte des 13. Jahrhunderts geschleift. Der Reliquienschatz galt seither als verschollen. Nur die Nikolaus-Kapelle blieb damals erhalten. Dann, es war ein Dienstag im Jahr 1388, geschah Unfassbares: Der Benediktiner-Kaplan Jakob Dachauer las in der Kapelle die Messe, da krabbelte eine Maus aus einem Loch am Fuße des Altars, die einen Reliquienzettel im Maul trug. Bei Grabungen fand man eine mit Eisen beschlagene Kiste. Nach mehr als anderthalb Jahrhunderten war das »Heiltum« zurück! Historiker gönnen der Maus die Ehre nicht, aber wie sonst der Schatz wiederentdeckt wurde, können sie auch nicht erklären. Man hat der Maus unter dem Hochaltar der heutigen Wallfahrtskirche ein Denkmal gesetzt, aus einer Höhle in der untersten Altarstufe lugt sie heraus. Erstaunlich: Viele auch eifrige Kirchgänger haben sie noch nie wahrgenommen.

Die »Heiltümer« sind heute im Obergeschoss der Kirche in der Heiligen Kapelle untergebracht. Die Eichentür davor ist mit schweren Eisenriegeln gesichert.

Adresse Bergstraße 2, 82346 Andechs-Erling, Tel. 08152/3760 | **Anfahrt** von der A 96 (Ausfahrt Oberpfaffenhofen) Richtung Herrsching, nach der Kreuzung unterhalb von Schloss Seefeld links nach Widdersberg und Andechs | **Öffnungszeiten** Kirche: Mo–So 9–18 Uhr (im Winter bis 17.30 Uhr); Klosterladen: Mo–So 10–17.30 Uhr; Bräustüberl: 10–20 Uhr | **Tipp** Vorsicht vor den Giftpflanzen im Heilkräutergarten des Klosters neben dem Parkplatz. Ein orangefarbenes Dreieck warnt.

44__Der Prinzen-Friedhof

Private Grabstätte der Wittelsbacher

Wer hier Prunk erwartet, monarchistisches Dekor, liegt grundsätzlich daneben. Die Grabstätte ist zurückhaltend, von bescheidener Eleganz. Der Friedhof liegt zwischen dem Garten, in dem die Benediktiner-Mönche des Klosters Andechs früher Gemüse anbauten, und dem Weg der Wallfahrer von Herrsching auf den Heiligen Berg. Hohe Mauern, weiß getüncht und mit roten Ziegeln gedeckt, umschließen das Areal von vielleicht 60 mal 40 Metern. Teils sind sie mit Efeu dicht bewachsen. Ein hölzernes Tor verwehrt den Zugang an 364 Tagen im Jahr.

Ein grobes Holzkreuz mit Korpus steht im Zentrum des gepflegten Rasens. An den Mauern steinerne Grabtafeln, alle im selben Schriftmuster. Name, Adelstitel, Geburtsdatum, Sterbedatum, ein schlichtes R.I.P. Darunter die Grabstätten, alle gleich gestaltet, von Stein umfasst, mit Immergrün gedeckt. Herzöge, Prinzessinnen und Prinzen liegen hier. Albrecht Herzog von Bayern, damals Chef der Wittelsbacher und Enkel des letzten Königs von Bayern, hat den Friedhof 1977 anlegen lassen. Im selben Jahr wurden aus anderen Grablegen mehrere Särge hierhin überführt. Maria del Pilar Prinzessin von Bayern (1891–1987) ist hier begraben. Sie war auch Malerin. Konstantin Prinz von Bayern (1920–1969) war Bundestagsabgeordneter, kam im Nebel bei einem Flugzeugabsturz ums Leben. Ältere Wittelsbacher sind in der Kirche bestattet. Der einbalsamierte Leichnam von Ludwig II. liegt in einem Zinksarg in München. Sein Herz in einer Urne in der Altöttinger Gnadenkapelle.

Albrecht Herzog von Bayern hat zwischen seinen Frauen Maria und Jenke letzte Ruhe gefunden. Er starb 1996 mit 91 Jahren nach einem bewegten Leben. Er war Erbprinz, sah die Monarchie einstürzen, flüchtete – weil er das NS-Regime ablehnte – nach Ungarn. Von der Gestapo wurde er verhaftet, er hat die Konzentrationslager Sachsenhausen, Flossenbürg und Dachau überlebt. Eine Kletterrose ziert sein Grab.

Adresse Bergstraße 2, 82346 Andechs-Erling | **Anfahrt** von der A 96 (Ausfahrt Oberpfaffenhofen) Richtung Herrsching, nach der Kreuzung unterhalb von Schloss Seefeld links nach Widdersberg und Andechs | **Öffnungszeiten** in der Regel am Tag des offenen Denkmals am 2. So im Sept., von der Mauer an der Kirchpforte aus kann man einen Blick darauf werfen | **Tipp** Die Friedhofsmauer entlang führt der Weg ins Tal. Gegenüber einem Türmchen mit Zinnen geht es steil hinunter zur Elisabethquelle. Sie gilt als Zauberbrunnen der Liebe.

45 Der Krater

Wie ein Sprengmeister die Welt in Atem hielt

Es war ein himmlischer Knaller. Am 5. März im Jahr 1995 hat Deutschland kein anderes Thema: Meteorit am Ammersee eingeschlagen! Gott sei Dank knapp am Kloster Andechs vorbei. Nicht auszudenken, wenn er die belebte Münchner Innenstadt getroffen hätte. Ein Krater ist zu sehen, 20 Meter im Durchmesser, drei Meter tief, grünes Wasser am Grund. Schaulustige und Wissenschaftler pilgern zum Loch im Acker. Einen solchen Treffer hat es zuletzt vor 500 Jahren gegeben. Fernsehsender sind am Ort. Die Zeitungen titeln: »Glück für München: Meteorit schlug am Ammersee ein.« Ein Boulevardblatt schreibt: »Der Andechs-Meteorit«, und zeigt blatthoch einen Gesteinsklumpen mit Feuerschweif.

Das war passiert: In den Hannawiesen in einer sumpfigen Senke südlich des Andechser Ortsteils Frieding gibt es tags zuvor um 12.29 Uhr einen gewaltigen Knall. Eine Schlammfontäne schießt in den Himmel. Landwirt Albert Arndt hat's gesehen: »Die Brocken sind 500 Meter weit geflogen.« Am nächsten Vormittag entdeckt die Besatzung des Polizeihubschraubers »Edelweiß 2« bei einem Routineflug den Krater. Was hat ihn verursacht? Eine Bombe aus dem Krieg? Weltraumschrott? Polizeichef Max Enzbrunner weiß es doch auch nicht. Aber die Welt will es wissen. Ein Meteorit? Nicht ausgeschlossen, meinen Experten. »Ein Meteorit«, sagt auch Enzbrunner letztendlich. Er kann ja nicht wissen, dass in Wirklichkeit Sprengmeister Eduard Reisch ein paar Kilo Dynamit in die Luft gejagt hat, um einen Ententeich als Biotop zu schaffen. Dass er es im Auftrag eines Jagdpächters tat. Dass diese »Kultursprengung« vom Landratsamt genehmigt war. Man hatte nur versäumt, die behördliche Erlaubnis an die zuständigen Stellen weiterzuleiten.

»Meteoriten-Max« und »Krater-Edi« – nach dem Lacher sind den Protagonisten die Spitznamen geblieben. Das Biotop am Rande des kleinen Egelsees ist fast verlandet. Der Meteorit war eine »Ente«.

Adresse an der Straße von Frieding nach Herrsching, 82346 Andechs-Frieding | Anfahrt von der A 96 (Ausfahrt Oberpfaffenhofen) Richtung Herrsching, nach der Kreuzung unterhalb von Schloss Seefeld links nach Widdersberg und Frieding, im Ort Richtung Herrsching, nach zwei Kilometern in der Rechtskurve links parken, an der Weggabelung rechts, nach einem Kilometern auf der rechten Seite | Tipp Von Frieding führt der Königlich-Bayerische-Radlweg am Rothenfelder Forst vorbei zum Kloster Andechs.

46_Queris Lieblingsplatz

Die Sittenpolizei verfolgte den Altbayern

Das Altbayerische authentisch wiedergeben, die Sprache nicht glätten, Ursprüngliches dokumentieren, das lag Georg Queri am Herzen. So sammelte der Autor und Journalist Mundart-Erzählungen, Volkskundliches, Redensarten. Texte wie diesen: »Drum nimm ich a junges frisch Ding / Und mach halt mit ihr die siebn Sprüng / Denn Jugend ist g'sund, vosteht Spaß und Scherrz / Und rammelt wie d Katzen im Merz / Mein Weiberl muß mir unter alln / Von hinten und von vorn gleich recht gefalln / Wär I nöt an Narr, wenn I in mein Bett / An Bärn und a Wildsau drin hätt? / Auch darfs mir koa dumme Gans seyn / I schämet mich glatt in Arsch h'nein.«

Durchaus noch Deftigeres publizierte Georg Queri (1879–1919) in den Büchern »Bauernerotik und Bauernfehme in Oberbayern« und »Kraftbayrisch«. Prompt hatte er die Sittenpolizei am Hals, die Zensur verbot seine »unzüchtigen Schriften«. Man klagte ihn vor dem Königlichen Landgericht an. Die Schriftsteller-Kollegen Ludwig Ganghofer und Ludwig Thoma, auch Jurist, verteidigten ihn. Thoma bekundete: »Aus Prüderie, denn die Sittlichkeit hat mit diesem Aufpassertum nicht das Mindeste zu tun, eine Sammlung alter und neuer Kraftworte, die immer wieder im Volke entstehen, zu unterdrücken, heißt wirkliche Volkskunde verbieten.« Queri wurde freigesprochen. Seine Werke durften wieder erscheinen.

Der Gasthof Oberer Wirt zum Queri in Frieding ist das Geburtshaus des Heimatschriftstellers. Er war auch Chefredakteur des »Starnberger Land- und Seebooten«, Kriegsberichterstatter für das »Berliner Tageblatt«. Vor dem Wirtshaus kann man bei einer Bank ein Holztischen nach unten klappen, einen Sonnenuntergang wie in Afrikas Savanne erleben. Das wäre sicher auch Queris Lieblingsplatz gewesen. Ludwig Thoma beschreibt ihn: »Wo er war, saß mit seinem breiten Lachen und schlagfertigem Witz Altbayern mit am Tisch. Er war das Beispiel der Unverwüstlichkeit unseres Stammes.«

Adresse Georg-Queri-Ring 9, 82346 Andechs-Frieding, Tel. 08152/91830 | **Anfahrt** von der A 96 (Ausfahrt Oberpfaffenhofen) Richtung Herrsching, nach der Kreuzung unterhalb von Schloss Seefeld links nach Widdersberg und Frieding, rechts in die Hurtenstraße, jetzt links | **Öffnungszeiten** Di–So 11–23 Uhr | **Tipp** Das Angus-Rindfleisch, das hier verarbeitet wird, kommt aus eigener biozertifizierter Mutterkuh-Haltung. Die Tiere stehen gar nicht weit weg auf der Weide (beim Wirt nachfragen).

47 Der Knast-Hofladen

Biogemüse aus der Justizvollzugsanstalt

Uli Hoeneß, Ex-Präsident des FC Bayern und wegen Steuerhinterziehung verurteilt, war nicht der erste prominente Insasse der Justizvollzugsanstalt Landsberg, Außenstelle Rothenfeld. Michael Graeter, legendärer Klatschreporter der »Münchner Abendzeitung«, hat hier gesessen. Im Magazin der »Süddeutschen Zeitung« erzählte er von »Deutschlands schönstem Kittchen«. Vom Park dort »mit altem Baumbestand und einem großen Rasen zum Sonnen, den ich die ›Wiese der Gelehrten‹ nannte, weil sich dort viele unentdeckte Advokaten und Wirtschaftsexperten tummelten«. Die heutige Freigängeranstalt hat früher dem Kloster Andechs gehört. Die Mönche führten dort die sogenannte Gregorius-Erziehungsanstalt für Knaben im Alter von neun bis 18 Jahren. Sie sollte das »Rettungs- und Erziehungshaus« für verwahrloste und gefährdete Jugendliche im Kloster entlasten. Bis zur Schließung der Anstalten 1933 wurden 4.000 junge Männer erzogen. Der Münchner Volksschauspieler und Sänger Weiß Ferdl (1883–1949) war einer von ihnen.

Die neobarocke Anlage mit Walmdächern und einer zentralen Kapelle mit Zwiebeldachreiter hat zwar auch Gitter vor den Fenstern, aber keinen Stacheldraht auf den Mauern des Hofs und eine wechselhafte Geschichte. Bevor sie nun Männer-Freigänger-Gefängnis mit 109 Haftplätzen ist, war sie Sommersitz der Herren von Andechs, wurde für eine Champignon- und Pferdezucht genutzt, war dann das Zöglingsheim der Mönche, Ordenshochschule, später Frauengefängnis und Gefängnis für Männer mit Verkehrsdelikten. Die dazugehörigen Äcker wurden immer landwirtschaftlich genutzt.

Zehn bis 15 Gefangene kümmern sich auch heute um Rinder, Ziegen und Geflügel und helfen im Gemüsegarten. Im Knast-Hofladen kann man Wurst und Eier, biologisch angebaute Karotten oder Kohlrabi einkaufen. Die Geschäftsräume am Eingang zum Gefängnis sind kein schickes Einkaufsparadies. Aber alles hat hier seine Ordnung.

Adresse Rothenfeld 2, 82346 Andechs-Rothenfeld, Tel. 08152/92470 | Anfahrt auf der Andechser Straße von Starnberg über Perchting und Landstetten Richtung Andechs, zwei Kilometer vor Andechs links in die Abt-Gregor-Danner-Straße (JVA ist ausgeschildert) | Öffnungszeiten Mo–Fr 7.30–18 Uhr, Sa 10–11.45 Uhr | Tipp Auch ein schöner Freigang: Am nahen Parkplatz des Klosters Andechs beginnt ein historischer Kreuzweg und Naturlehrpfad als Rundwanderweg (drei Kilometer). Bester Bergblick!

48 Die Isarinseln

Komfortzone mit eigenem Kühlschrank

Die Isar ist gschamig, wie Bayern sagen. Sie zeigt nicht überall ihre Schönheit. Neuerdings wieder in München, wo man sie aus ihren Mauern befreit hat, renaturiert, wie man umständlich sagt. Jetzt tänzelt sie wieder wie ein Bergfluss durch die Stadt, wird zum Publikumsmagneten. Aber in ihrem Mittellauf ist die Isar oft ein schüchternes Gewässer, entzieht sich auf weiten Strecken dem Blick. Gut kann man ihren wilden Charakter von der Isarbrücke in Dürnstein beim Gasthaus Zum Bruckenfischer aus studieren. Oder man steigt hinunter zum Fluss.

Die Isar ist ein Schwerarbeiter. Aus dem Karwendel stürzt sie sich in die Ebene, treibt an Seitenkanälen mehrere Wasserkraftwerke an. In ihrem eigentlichen Flusslauf ist sie ein Bagger, mit noch mehr Power, wenn sie Schmelzwasser führt. Sie baut aus Kieselsteinen immer neue Inseln, schüttet auf, bettet andere um. Die Isar ist nie fertig mit ihrem Werk.

Beim Bruckenfischer machen die Menschen Insel-Ferien. Pflegen Leib und Seele, präsentieren ihre Tattoos. Singles, die mit einem Hauch mehr Bräune auf den Nachtschwarm hoffen. Bierbäuche, die mit geilem Blick auf Fleischbeschau sind. Paare, die fummeln. Familien sieht man seltener. Die Isarurlauber haben bunte Schirmchen dabei, hoffentlich viel Sonnencreme. Wem der Kiesel-Untergrund zu unruhig ist, bringt seine Strandliege mit. Der Kühlschrank ist schon da. Man hängt sein Bier einfach ins Wasser. Die Isar ist hier flach, sie tut harmlos, aber ihre Stromschnellen sind nicht zu unterschätzen. Manchmal ziehen Kanuten vorbei. Sie nennen diesen Streckenabschnitt »Bayerisch Kanada«. Mehr passiert nicht. Aufregung gibt's immer mal wieder um die Isarinseln im oberen Flusslauf, der Pupplinger Au. Nacktbader haben dort ihre Reviere. Selbst Edmund Stoiber, früherer bayerischer Ministerpräsident, hat vergeblich einen Aufstand der Angezogenen gegen die Ausgezogenen angeführt.

Adresse Dürnstein 1, 82544 Egling-Dürnstein | **Anfahrt** auf der B 11 nach Schäftlarn, links die Klosterstraße hinunter, vorbei am Kloster bis zur Isarbrücke | **Tipp** Aufgeheizt nach dem Sonnenbad und hungrig? Der Bruckenwirt hat nicht nur Erfrischungen (Tel. 08178/3635).

49__Die Floßrutsch'n

Alle Röcke fliegen hoch!

Gemächlich schiebt das Isarwasser das Floß auf die Rutsch'n zu. Links stürzt es am Mühltal-Kraftwerk 17 Meter in die Tiefe, versorgt 17.500 Haushalte mit Strom. Rechts ist die Einfahrt zur Floßgasse. Man hört das Rauschen schon. Die Betonrinne wird geflutet, damit die Fichtenstämme gleiten können. Eine Ampel springt auf Grün. 20 Meter noch. Der Flößer manövriert mit dem Ruder, dann zieht er es ein. Fünf Meter. Ein Meter. Gleich geht es obi, also nach unten. D'Musi hod längst zum Schpuin aufg'hört. Das Heck des Floßes steigt in die Höhe. Die Ersten kreischen. Jetzt die Krüge festhalten und vor allem die Röcke! Das spritzige Vergnügen ist nun nicht mehr zu stoppen.

Mit Tempo 40 rauscht das Floß nach unten. Das Wasser jagt sprudelnd zwischen den Baumstämmen hervor. Gegröle. Die Zuschauer im Gasthaus zur Mühle grölen zurück. Hüte fliegen davon. Selfies werden gemacht. Stufenweise nimmt das Gefälle ab. Neun Prozent sind es zuerst, dann sieben, schließlich fünf. Geräuschvoll bremst die Isar das Floß. Eine Mordsgaudi auf 345 Metern. Die Floßrutsch'n ist die längste Europas.

Die Flößerei auf der Isar war ab dem 12. Jahrhundert ein gutes Geschäft. München, Freising und Landshut entstanden und brauchten Holz und Steine aus dem waldreichen und gebirgigen Oberland. Der Transportweg war gefährlich. Die Flößer mussten Stromschnellen und Felsen umschiffen. Erst in der zweiten Hälfte des 19. Jahrhunderts haben Automobil und Eisenbahn das alte Wasserfahrzeug verdrängt. Geblieben ist die Ausflugsfloßfahrt. Drei Flößer machen sie noch möglich. Das Isarvergnügen startet in Wolfratshausen. Hinter der Mühltal-Rutsch'n folgen zwei weitere bei Baierbrunn und Pullach. Nach 28 Kilometern und sieben Stunden endet die Fahrt an der Floßlände in München-Thalkirchen. Die Holzfässer sind dann leer. Da ein Klohäusl an Bord ist, hat man die eine oder andere Maß schon trinken können.

Adresse Mühltal 10, 82064 Straßlach, Tel. 08178/3630 (Gasthaus) | **Anfahrt** von der A 995 (Ausfahrt Oberhaching) nach Straßlach, rechts in die Mühlstraße bis zur Isar | **Öffnungszeiten** Di–So 10–23 Uhr (Gasthaus), Floßfahrten Mai–Mitte Sept., verschiedene Anbieter, Info unter www.muenchen.de/freizeit/isar-flossfahrt.html | **Tipp** Auch ein gutes Wirtshaus: Der Gasthof zum Wildpark in Straßlach hat Feines von Reh und Hirsch (Tel. 08170/99620).

50 Die Schweinderl-Bucht

Wasser wie Samt und die Farben der Südsee

»Tränen der Eiszeit« werden die Osterseen südlich des Starnberger Sees auch genannt. Die 19 Seen und Tümpel, manche kreisrund und durch Moore und Kanäle miteinander verbunden, sind Toteislöcher. Gewaltige Eisblöcke hatten sich zum Ende der letzten Eiszeit von den Gletschern getrennt. Umgeben von Geröll, tauten sie langsam ab. Die Trichter füllten sich mit Schmelz- und Grundwasser, bilden heute das einzigartige Naturschutzgebiet der Osterseen.

Sie sind wärmer als andere bayerische Seen, ihr Untergrund ist teils sandig. Unterirdische Quellen versorgen sie mit sauberem, sauerstoffreichem Wasser. Das verhindert Fäulnisprozesse. Das Wasser ist wie Kristall. An klaren Sommertagen leuchtet es türkisgrün. Wolken spiegeln sich. Man kann ein Farbenspiel beobachten wie an den Lagunen der Südsee. Besonders schön ist das von der Anhöhe südlich des Fohnsees zu sehen. Im Rücken die blaue Bergkette der Alpen, die roten Dächer von Iffeldorf, der Turm der Kirche Sankt Vitus.

Dieser ganz besondere Ort ist Nacktbadeplatz. Einheimische gönnen sich hier eine Stunde textilfreie Pause. Münchner lieben das FKK-Gelände nur 45 Autominuten vor der Stadt. »Schweinderl-Bucht« wird der Strand auch genannt. Vom Parkplatz aus führt der Weg an einer Scheune vorbei bis zu einer Gabelung. Nach links ist der »Rundweg Osterseen« ausgewiesen, rechts geht's in eine Sackgasse, das ist der Weg zu den Nackerten. An Kühen vorbei steigt man nach einem Gatter einen Hügel hinauf und auf der anderen Seite hinunter. Sucht sich einen Platz auf der Wiese, streift die Klamotten ab, lässt das samtige Wasser den Körper streicheln.

Am südlichen Ende des Großen Ostersees ist eine der Quellen gut zu sehen. Von einem Steg aus hat man Einblick in den Quelltrichter. Das ist die »Blaue Gumpe«. Zehn Grad ist das aufsteigende Wasser auch im Winter warm. An kalten Tagen hängt Dampf über der Quelle.

Adresse Fohnsee, 82393 Iffeldorf | Anfahrt von der A 95 (Ausfahrt Penzberg/Iffeldorf) nach Iffeldorf, am Ende der Straße Hofmark in der Linkskurve rechts die Jägergasse abwärts, über den Angerweg zum Parkplatz | Tipp Baden mit Bikini und Badehose ist am Fohnsee auch erlaubt. Beim Fohnseestüberl gibt's außerdem Toiletten (Osterseenstraße und Fohnseeweg bis zum Campingplatz).

51_Das Vitus

Gaststube am Dorfplatz mit eigener Sommelière

Das Geheimnis des kleinen Genussparadieses Vitus ist das Geschäftsmodell von Sabine Ernest-Hahn: Hausfrauen und Mütter aus dem Ort backen und kochen für sie und stehen in Teilzeit auch hinter dem Tresen. Das erklärt, warum die Schokoladentarte hier so lecker ist. Die Teigtasche mit Kürbis-Ricotta-Füllung und Parmesanbutter so frisch. Das Ratatouille mit Kräuterhähnchen wie aus dem eigenen Garten. Das Team von Sabine Ernest-Hahn serviert »große saisonale Kleinigkeiten«. Die Zutaten kommen aus der Region. Der Schinken von der Biometzgerei Petermichl in Antdorf, der Käse vom berühmten Käsereifer Wolfgang Hofmann aus Bad Tölz. »Leidenschaft ist aber auch unser Rezept«, sagt die Chefin.

Sabine Ernest-Hahn ist Sommelière. Sie hat an der Wein-Universität in Bordeaux studiert, entsprechend ist die Auswahl von 60 guten Tropfen neben Ölen und Gewürzen im dazugehörigen Laden. Die Wirtin hat beruflich bedingt die halbe Welt gesehen, die Weinanbaugebiete zwischen Südaustralien, Südafrika und Nordkalifornien. »Aber so schön wie an den Osterseen ist es dann doch nirgendwo gewesen.« 2009 hat sie das Vitus eröffnet. Vorher war ein Lotto-Laden drin.

Das Wirtshaus mit den grünen Fensterläden war auch schon Drehort der Vorabendserie »Forsthaus Falkenau«, hat innen eher Bistro-Charme. In den zwei Gasträumen stehen an Holztischen antike Stühle. Jeder ein Unikat, was ein verspieltes Ambiente zaubert. Einzigartig ist die Lage am malerischen Dorfplatz gegenüber der Kirche Sankt Vitus. Draußen sitzt man auf Garten-Bistro-Möbeln, vis-à-vis die Dorflinde und der Brunnen davor. Bestellt ein Rillettes von der Ente mit Kapern, dazu einen Château Penin. Darf's zum Abschluss ein Nougatparfait auf Karamellspiegel sein oder ein Ziegenkäse mit Honig? Wein-Unterricht gibt Sabine Ernest-Hahn im Vitus auch. Von Vorteil ist, dass nach dem Seminar noch ein später Zug nach München fährt.

Adresse Sankt-Vitus-Platz 1, 82393 Iffeldorf, Tel. 08856/8036981 | **Anfahrt** von der A 95 (Ausfahrt Penzberg/Iffeldorf) nach Iffeldorf, am Ende der Straße Hofmark auf der rechten Seite | **Öffnungszeiten** Sommer Do – Di 12 – 22 Uhr, Winter Fr – Di 12 – 22 Uhr | **Tipp** Von der Straße Hofmark führt die Heuwinklstraße zur Wallfahrtskapelle »Maria im Heuwinkl«. Ursprung des eigenwilligen Namens ist eine Marienstatue, die man vor 400 Jahren in einer hohlen Eiche auf der Anhöhe Heuwinkl aufgestellt hatte.

52__Der Steidl

Auf eine Brotzeit im Wirtshaus auf dem Bauernhof

»Was trink' ma denn?« An viel mehr Kommunikation ist Gastwirt Georg Steidl nur in Ausnahmefällen gelegen. Wenn er die Bestellung aufgenommen hat, ist sein Gesprächsbedarf gedeckt. Besonders unbekannten Gästen gegenüber pflegt er ein eher rustikales Verhalten. Und doch ist der Steidl in Bauerbach ein liebenswertes Lokal. Ein noch unverfälschtes bayerisches Dorfwirtshaus. Viele gibt es nicht mehr davon. Man muss sie wirklich suchen.

Nur 120 Einwohner hat Bauerbach, ein Ortsteil der Gemeinde Wielenbach. Es gibt die Kirche Sankt Leonhard und eben das Gasthaus Steidl in deren Schatten. Unentschieden ist, welcher der beiden der Dorfmittelpunkt ist. Jedenfalls hat das Wirtshaus drinnen wie draußen einen Stammtisch, der entsprechend der Größe des Ortes gut besucht ist. Eine Fliegenklatsche ist draußen in der Tafelrunde wichtiges Instrument: Im Minutenabstand schlägt sie unerbittlich zu. Der Steidl liegt auf einem Bauernhof, die Zahl der lästigen Tiefflieger ist deshalb in den Sommermonaten erheblich.

Der Steidl Georg, der das Traditionsgasthaus mit seiner Frau Claudia seit 1993 führt, hockt im Biergarten selbst gern am Stammtisch. Die übrigen Gäste sitzen auf Bierbänken mit Rückenlehne unter gepflegten Geranien und hellblauen Schirmen. Bayerisch Deftiges und einfache Brotzeiten bietet die Speisekarte an. Den Leberkas mit Spiegelei, Salat und Kartoffelsalat bringt der Wirt auf dreigeteilten Tellern, die den Charme der 1950er Jahre haben. Der Schweinsbraten kostet keine neun Euro, für zwei Weißwürste mit Brezn sind vier Euro nicht viel.

Der Wirt ist im Kopfrechnen fit, addiert wird auf einem Zettel. Auch das so wie früher. Zu den Brotzeiten kommt selbst gebackenes Holzofenbrot auf den Tisch. Das allein ist einen Besuch des Steidls wert. Gebacken wird am Dienstag, Mittwoch und Freitag. Wer bis morgens um neun Uhr bestellt, kann ab 14.30 Uhr sein Brot für daheim abholen.

Adresse Dorfstraße 5, 82407 Wielenbach-Bauerbach, Tel. 08158/1259 | Anfahrt von der A 952 am Autobahnende durch Starnberg bis Bernried, rechts in die Weilheimer Straße, fünf Kilometer bis Bauerbach | Öffnungszeiten Di–Mi 10–23 Uhr, Do 16–23 Uhr, Fr–So 10–23 Uhr | Tipp Von der Dorfstraße aus sind es nur 800 Meter über die Bergknappstraße zum Bergknappweiher. Das trübe Moorgewässer ist beliebter Badeplatz.

53__Das Studio Daniela Guth

Wie die Künstlerin ein Farben-Feuerwerk abbrennt

Man muss Daniela Guth erlebt haben, gesehen haben, wie sie mit der Arbeit an einem neuen Bild beginnt. Eine nackte Leinwand, das geht gar nicht. »Das ist wie eine Barriere«, sagt die Künstlerin. »Erst einmal muss Farbe her.« Mit einem breiten Pinsel streicht sie eine Mischung, die sie nach Gefühl aus Pigmenten angerührt hat, auf den weißen Untergrund. Jetzt geht es ihr besser. Jetzt kann es losgehen! Eine Idee hat sie anfangs oft nicht für das Bild, die meisten der fertigen Gemälde haben nicht einmal einen Titel. Mag sein, dass von der ersten Farbe am Ende kaum noch etwas zu sehen ist. Das Bild entwickelt sich. Die Untermalung ist aber gleichzeitig wichtiger Teil der Technik von Daniela Guth. Das fertige Bild bekommt so mehr Tiefe, wird lebendiger.

Die Malerin, die sich an Kunstschulen und Akademien hat ausbilden lassen, hockt bei der Arbeit neben der Leinwand. Diese hat sie auf dem verkleckselten Filz am Boden ihres Ateliers ausgebreitet. Daniela Guth führt den Pinsel mit großzügigem Strich. Spachtelt. Schabt. Kratzt mit dem Messer. Verwendet Acryl- und Ölfarben, Kreiden, Kohle und gern Tusche. Das Sitzen unmittelbar neben der Leinwand verschafft ihr einen direkteren Bezug. »Aus dem, was entsteht, entwickeln sich neue Möglichkeiten. Es ist nicht so, als ob nur ich etwas mit dem Bild mache. Es macht auch etwas mit mir. Fast ist es, als führten wir ein Gespräch miteinander.« Das Bild wird gedreht, gewendet, verändert, übermalt. »Das Malen an sich ist ein großes Glücksgefühl.«

Manchmal schafft sie ein Kunstwerk in drei Wochen. Für andere braucht sie Monate, bis sie mit dem Ergebnis zufrieden ist. »Dann muss es schnell aus meinem Blickfeld. Sonst kann es passieren, dass ich es noch einmal komplett übermale.« Daniela Guths Studio auf einem Gutshof ist ein lebensfrohes Feuerwerk. Nur Blau nimmt sie selten, sie weiß gar nicht, warum. Kräftiges Türkis, Gelb, Grün, Pink, Schwarz und immer wieder Rot, das sind ihre Farben.

Adresse Gut Raucherberg, 82407 Wielenbach-Gut Raucherberg, Tel. 0163/2348950 | Anfahrt auf der B 2 von Starnberg nach Weilheim, im ersten Kreisverkehr vor Weilheim Richtung Seeshaupt, nach 1,3 Kilometern links in die Straße Im Hardt, nach 3,6 Kilometern auf der linken Seite | Öffnungszeiten nach Vereinbarung | Tipp Vom Gut Richtung Osten gelangt man nach 1,3 Kilometern zur Hardt-Kapelle mit Kreuzweg. Das Glockenspiel am Mittag beschallt die Hügel.

54__Der Blues-Club Village

Ein Mekka für Musikgrößen

Wenn der Bluesrock ein Zuhause hat, muss hier sein Wohnzimmer sein. Hausherr Dieter Uebler, den alle D.D. nennen, streicht sich durch die grauen Locken. Er nimmt seine Elektrogitarre, stimmt sie mit Hingabe. Spielt ein paar Blueslicks, justiert den Verstärker. Ein zweiter Gitarrist, ein Bassist, eine junge Frau an den Drums glühen ebenfalls vor. Das geht nahtlos über in den ersten Song. Die Jamsession ist eröffnet. Drei, vier Titel spielt das Quartett. Dann ist Mastermind Uebler zufrieden. Die Instrumente reden nun mit dem Publikum, und das versteht, was sie ihm sagen wollen. Uebler verlässt jetzt die Bühne. Andere machen weiter.

Die Jamsession immer donnerstags im Blues-Club Village in der Obermühle ist ein geheiligter Termin. Seit Jahrzehnten eröffnet Dieter Uebler den Abend. Im Publikum: andere, die angefixt sind. Viele haben eigene Instrumente dabei. Immer neue Formationen bilden sich, improvisieren, haben Spaß an einer Mischung aus Blues und Bluesrock, Funk, Reggae, Jazz. Ist keine Session, gibt's Konzerte.

Dieter Uebler ist 47 und erfolgreicher Unternehmer, der Porsche steht vor der Tür, als er entscheidet: »Das kann's nicht gewesen sein.« Seine Liebe gilt der Musik. Damals gründet er das Village. Vor der Tür ist ein Jimi-Hendrix-Relief eingeputzt. Der Club hat unter Musikern international einen Ruf, Wishbone Ash haben sich in der oberbayerischen Einöde zwischen ihren Gigs erholt, Deep Purple, Charly Ratzer, Neil Taylor, der mit Robbie Williams spielte. Einige Musiker kommen, weil Uebler ihnen Gitarren-Unikate baut, angepasst an die Fingergröße des Künstlers. Als Ten Years After Uebler-Gitarren will, verpflichtet der sie gleich zum Auftritt in seinem Bluesrock-Wohnzimmer. Auch Iron Butterfly haben hier gespielt. Drummer Ron Bushy hat auf dem Village-Schlagzeug sein unvergleichliches »In A Gadda Da Vida«-Solo inszeniert und das Instrument dann signiert.

Adresse Obermühle 1, 82392 Habach, Tel. 08847/725 | **Anfahrt** von der A 95 (Ausfahrt Sindelsdorf) auf der B 472 Richtung Murnau, nach drei Kilometern in Höhe Habach links (Hinweis leicht zu übersehen), schmale Holperstrecke ins Tal | **Öffnungszeiten** Do – Sa ab 20 Uhr, freier Eintritt am Do | **Tipp** Von der Aidlinger Höh südlich von Habach hat man besten Blick auf den Riegsee im Tal.

55 Das Gut Kerschlach

Gesunder Boden, gesunde Pflanzen, gesunde Tiere

Diese Schweine stinken nicht. Sie haben auch noch ihr Ringelschwänzchen. Es wurde nicht kupiert wie in den viel zu engen Gehegen industrieller Massentierzucht, wo die Tiere sich gegenseitig anfressen. Diese Schweine kuscheln in Gruppen von 15 Tieren auf einem Strohteppich in großzügigen Ställen. Oder grunzen, quieken, schnüffeln im Freien. Die Schweine entscheiden das selbst. Wird's ihnen im Sommer zu warm, können sie jederzeit duschen. Im Saustall von Gut Kerschlach groß zu werden, muss ein glückliches Schweineleben sein.

Der Biobetrieb mästet robuste Kreuzungen der Rassen Duroc, Piétrainschwein, Deutsche Landrasse. Gefüttert werden Molke und Getreide. Sind die Tiere 90 bis 120 Kilogramm schwer, ist auch hier das Schweineleben vorbei. Aber kein Viehtransporter wartet auf die Sensibelchen. Auf kürzestem Weg und möglichst stressfrei geht's in die hofeigene Metzgerei. Die Herrmannsdorfer Landwerkstätten haben sich mit einer Wurstmanufaktur auf dem Hof einquartiert. Die Schlachter pflegen eine alte Handwerkskunst: Wie früher bei der Hausschlachtung wird das noch schlachtwarme Fleisch in nur zwei Stunden weiterverarbeitet – die einzige Möglichkeit, auf Phosphate zu verzichten. Und die Wurst behält ihren Frischfleisch-Geschmack.

Der Augsburger Verleger Werner Mützel, den der WEKA-Verlag für Fachliteratur vermögend gemacht hat, hat sich mit Gut Kerschlach einen Traum verwirklicht. Er kaufte die Hofanlage, groß wie ein Dorf, frommen Nonnen aus Tutzing ab, baute sie drei Jahre lang um zu einem ökologischen Musterbetrieb. Ein Kreislauf von gesundem Boden, gesunden Pflanzen, gesunden Tieren. Mit der Schweinezucht und artgerechter Unterkunft für 75 Pferde. Mit Hofladen, Seminarhaus und Gutscafé. Mit biologisch sauberer Milchproduktion. Auch eine Herde der Murnau-Werdenfelser Kühe, vom Aussterben bedroht, wird hier gehalten. Der Kuhstall hat einen Wellnessbereich.

Adresse Gut Kerschlach 1, 82396 Pähl, Tel. 08808/92110 | Anfahrt von Starnberg über die B 2 Richtung Weilheim, nach 13 Kilometern rechts (Gut Kerschlach ist ausgeschildert) durch eine Kastanienallee | Öffnungszeiten Rundgang ganzjährig möglich; Hofführungen: Mai–Okt. an jedem 1. Sa des Monats 10 Uhr; Gutscafé: Mo–So 7–18 Uhr | Tipp Vom Schweinestall führt ein Spazierweg in den Kerschlacher Forst, vorbei an der Öko-Imkerei.

56 Die Pähler Schlucht

Rendezvous im Allerheiligsten

Erst einmal setzen! Das hat Kraft gekostet. Der Weg hierher ist an manchen Stellen so unwegsam, dass man sich an Wurzeln und Felsen festklammern muss. Aber dann: Das Spektakel ist die Mühen wert. Man lässt sich nieder, will nur schauen und staunen. Man fühlt sich wie auf dem Boden eines tiefen Kelches, an dessen Rand sich über eine Kerbe Wasser dröhnend 16 Meter in die Tiefe stürzt. Es ergießt sich im Licht der Nachmittagssonne als unendliches Band funkelnder Edelsteine in ein Becken. Senkrechte bis überhängende Nagelfluhfelsen umschließen den Kessel. Es ist ein Rendezvous im Allerheiligsten der Natur.

Vom Parkplatz führen ein paar Stufen zu einem düsteren Röhren-Tunnel unter der Bundesstraße hindurch. Dann geht es eine Treppe hinunter, die rutschig sein kann. Gegenüber strecken sich die Ecktürme des neugotischen Hochschlosses Pähl in den Himmel. Neuschwanstein-Atmosphäre, ein wenig zumindest. Jetzt rechts. Hier ist der Weg noch breit und einfach zu gehen. Vom Buchenwald haben die Winterstürme viel geknickt. Über manche Stämme muss man klettern. Es wird enger, die steilen Hänge rücken näher, werden zur Schlucht. Der Wald wird zum Urwald. Links gurgelt der Burgleitenbach. Früher hat er ein Wasserkraftwerk angetrieben, dessen Ruine verfällt. Nach einem Wehr bricht der Pfad weg, und Felsen versperren den Weg. Man muss sehen, wie man weiterkommt. Am besten vielleicht auf der anderen Seite des Baches, aber die Trittsteine im Wasser sind wacklig. Die letzten Meter sind schwierig, nicht ungefährlich. Das Rauschen ist jetzt schon zu hören. Dann ist man angekommen im Kelch.

Wer sich erholt und von den Wasserspielen hat verzaubern lassen, den reizen vielleicht neue Herausforderungen. Auf einem Vorsprung kann man um das Becken herumgehen. So gelangt man hinter den Wasserfall, der nun wie ein Schleier ist. Ein bisschen nass wird man dabei. Macht aber nix!

Adresse Hirschbergalm 1, 82396 Pähl | **Anfahrt** von Starnberg auf der B 2 Richtung Weilheim, nach 17 Kilometern liegt links in einer Linkskurve das ehemalige Hotel Hirschbergalm, hier parken (Vorsicht: Es gibt keine Linksabbiegerspur, frühzeitig blinken und bremsen!) | **Tipp** In der Gruftkapelle der Kirche St. Laurentius steht eine Kopie des »Pähler Altars«, ein Triptychon, um 1400 geschaffen. Das Original ist im Bayerischen Nationalmuseum in München zu sehen.

57_Der Raritätenstadl

Der Altbürgermeister und seine Sammelleidenschaft

Dominikus Weiß hat noch einige jener historischen Telefone, bei denen der Anrufer die runde Wählscheibe mit dem Zeigefinger x-mal hintereinander im Uhrzeigersinn im Kreis zog, wartete, dass sie zurückschnurrte, zog, wartete, wieder zog und wieder wartete. Bis irgendwann ein Freizeichen ertönte. Dominikus Weiß hat davon mehr als ein Dutzend. Und er besitzt nicht nur eine der mechanischen Schreibmaschinen aus den Anfängen des vergangenen Jahrhunderts. Mindestens zwei Dutzend davon stehen ordentlich im Regal. »Aber des is doch nix B'sonders.« In der nächsten Abteilung reihen sich Staubsauger aus den 1950er Jahren. Kinder- und Puppenwagen. Latten, auf denen man Ski gefahren ist. Die Zahl der Eisstöcke ist unübersichtlich. Die Kufen, die man sich früher zum Eislaufen unter die Schuhe schnallte, kann niemand mehr zählen. »Das muss doch der Nachwelt erhalten bleiben«, sagt Dominikus Weiß.

Ein hölzerner Leichenwagen, den ein Pferd gezogen hat. Zahnarztstühle mit Tretbohrer. Ein erster Mixer, der Quirl wurde mit einer Kurbel angetrieben. Medizinisches Besteck. Ein Schrank voll mit Messingzapfhähnen. Es sind nicht Zigtausende, es sind Hunderttausende Dinge, die der frühere Landwirt und Altbürgermeister der Gemeinde Polling in »Minis Raritätenstadl«, zwei Scheunen mit je drei Ebenen, zusammengetragen hat. Wenn man ihn bittet, schiebt Dominikus Weiß die Stadl-Tore zur Seite und führt stolz durch seine Sammlung.

Das meiste hat er auf Flohmärkten erstanden. Etwas Besonderes ist die Kollektion der Glocken. Stammtischglocken, Weideglocken, Kirchenglocken, Trambahnglocken. Es sind über 400. Was Dominikus Weiß einmal erstanden hat, gibt er nicht mehr her. Bestenfalls wird getauscht. Theater- und Filmemacher, die historische Requisiten brauchen, leihen diese bei ihm aus. »Geh' zum Mini«, heißt es. »Der hat's bestimmt.« Er hat sogar einen Schlüssel zur Himmelstür.

Adresse Hofmarkstraße 47, 82398 Polling, Tel. 0881/40707 | Anfahrt von der B 2 Weilheim/Murnau rechts ab nach Polling, am Ende der Längenlaicher Straße links in die Hofmarkstraße | Öffnungszeiten auf Anfrage | Tipp Thomas Manns Mutter Julia hat am Pollinger Kirchplatz 15 gewohnt. Er hat sie oft besucht. Vieles in Polling hat den Schriftsteller für seinen Roman »Doktor Faustus« inspiriert. Der Dr.-Faustus-Weg (Start am Kirchplatz) erklärt die Anlehnungen.

58_Die Ohren

Hightech trifft Ansichtskarten-Idylle

Die Bilder von Neil Armstrongs ersten Schritten im Juli 1969 auf dem Mond. Sie ruckelten zwar, aber sie waren live. Wir hätten sie nicht sehen können ohne das Ohr in den Weltraum, das bei Raisting Satellitensignale empfängt. Die Szenen des Terror-Dramas der Olympischen Spiele 1972, als die Welt erschrocken auf München sah, von hier aus wurden sie um den Erdball geschickt. Unter einer Tragluft-Kugel mit 50 Metern Durchmesser ist eine Parabolantenne verborgen. »Riesenbovist« nennen die Menschen den weißen Champignon, der vor Alpenpanorama aus dem Boden wächst. Als die Schutzhülle 1963 aufgeblasen wurde und die Anlage in Betrieb ging, war das eine technische Sensation.

Es sieht immer noch ein wenig utopisch aus, wie hier 30 kleinere und sieben Großantennen mit Spiegeldurchmessern von bis zu 32 Metern ihre Reflektoren Richtung Himmel schwenken. Hightech trifft idyllische Ansichtskarten-Landschaft. Besonders markant ist dieser Kontrast dort, wo eine der Empfangs- und Sendestationen neben der malerischen Wallfahrtskapelle Sankt Johann steht. Nur die sogenannte Antenne 1 ist durch eine hauchdünne Kunststoffhülle, das Radom (abgeleitet von Radar Dome) gegen Witterungseinflüsse geschützt. Als die anderen Antennen aufgestellt wurden, war der Fortschritt schon weiter, sie lassen sich beheizen. Die Raistinger Senke wählte man als Standort, weil Hügelketten Störeinflüsse anderer Funksignale abhalten. Bis dahin wurden Telefongespräche etwa in die USA über 17 Kanäle durch Unterwasserkabel geführt. Mit der Erdfunkstelle Raisting konnte man erstmals über Satellit 240 Fernsprechkanäle schalten.

Bis 2005 hat die Telekom die Anlage betrieben. Sie wurde dann an das US-Unternehmen Emerging Markets Communications verkauft, das Satellitendienstleitungen etwa für die Vereinten Nationen anbietet. Antenne 1 wird noch zu Forschungszwecken genutzt. Das Radom ist Industriedenkmal.

Adresse Ende des Hofstätter Wegs, 82399 Raisting, Tel. 08862/911785 | **Anfahrt** von der A 96 (Ausfahrt Greifenberg) nach Dießen, nach Ortsende in die Raistinger Straße, der Beschilderung »Erdfunkstelle« folgen | **Öffnungszeiten** Gelände: ganzjährig; Radom: Juni–Juli 1. So 14–17 Uhr, Aug.–Okt. 1. und 3. So 14–17 Uhr, Führungen auf Anfrage | **Tipp** Von Raisting aus führen der Jakobsweg und der König-Ludwig-Weg zum Hofbiergarten Grenzebach. Brotzeiten aus ökologischer Erzeugung (Stillern 1, 82399 Raisting, Tel. 08809/862).

59__Das Gasthaus Schönmühl

Berühmt ist die Ente, knusprig und nicht fett

Reinhold Schiermeier verrät sogar sein Rezept. Seine Ente ist resch und unübertroffen. »Nicht mehr als zwei Kilo darf sie haben. Dann ist sie nicht so fett. Ein Gasherd ist wichtig mit offener Flamme. Zweieinhalb bis drei Stunden. Dann werd's guad.« Sein Kirchweih-Geflügel, ob Gans oder Ente, ist Legende. Ein Enten-Gans-Ragout mit Knödl und Apfelblaukraut für zwölf Euro – wo gibt es das noch?

Vom Gasthaus Schönmühl muss man gehört haben. Es liegt abseits der Straße an einer Biegung der Loisach. Schon im vierten Jahrzehnt betreiben die Eheleute Brigitte und Reinhold Schiermeier das historische Wirtshaus. Er steht am Herd, sie macht den Service. Einheimische wie Schauspieler sind Stammgäste. Marianne Sägebrecht (»Out of Rosenheim«), die in München selbst in der Künstlerkneipe Mutti Bräu hinterm Tresen stand. Ex-Tatort-Kommissar Dominic Raacke. Eine Extra-Behandlung gibt's für die Promi-Gäste nicht und ist von diesen auch nicht gewünscht. »Die meng hoid a weng a Ruah ham«, sagt der Wirt.

Seine Speisekarte, vom Gault Millau geadelt, ist bayerisch mit einem Hang zum Tirolerischen. Kaminwurzn mit Brot. Schweinsbraten, bei dem die Kruste kracht. Saibling im Wurzelsud. Seit 1737 hat die alte Posthalterei Schankrecht. Die Inneneinrichtung wird wenig jünger sein. So niedrig sind die Türstöcke, dass sich ducken muss, wer eintritt. Die Holzdielen und die Vertäfelung haben viel erlebt. Die bäuerlich urige Atmosphäre lockt Filmcrews an, der Regisseur Jo Baier hat hier mit Martina Gedeck und Alpen-Rocker Hubert von Goisern gedreht. Die Geschichte der Hölleisengretl, einer buckligen, aber reichen Bäuerin, die keinen Mann abbekommt. Bis ein Musiker und Hallodri sie heiratet, der aber nur am Hof der Gretl interessiert ist. In diesem Heimatfilm nach einer Erzählung von Oskar Maria Graf hat Hubert von Goisern im Gasthof Schönmühl die Diadonische, das Akkordeon, gespielt.

Adresse Schönmühl 1, 82377 Penzberg-Schönmühl, Tel. 08856/2498 | **Anfahrt** von der A 95 (Ausfahrt Penzberg) nach Penzberg und weiter nach Bichl, zwei Kilometer nach Penzberg rechts | **Öffnungszeiten** Do ab 16 Uhr, Fr ab 11 Uhr, Sa–So ab 10 Uhr (bis die Gäste gehen) | **Tipp** Die Portion war zu groß? Bewegung ist besser als jetzt noch ein Williams? Von der Ludlmühle aus in Bichl führt ein schöner Spazierweg den Steinbach entlang.

60_Der Kastaniengarten

Gasthaus mit eigener Metzgerei

Das kommt dem Himmel der Bayern schon sehr nah! An einem heißen Sommertag im Schatten der alten Kastanien sitzen, umgeben von einem Blumenmeer. Eine Halbe Helles oder ein Weißbier, wohl temperiert, auf dem weiß-blau eingedeckten Tisch. In froher Erwartung der bayerischen Schmankerl, welche die immer gut gelaunte Bedienung in aller Kürze servieren wird. Bis aufs i-Tüpferl stimmt die Szenerie: Die Glocken von Sankt Peter und Paul nebenan schlagen im Viertelstundentakt. Schließlich gehören nach alter bayerischer Sitte Kirche und Gasthaus zusammen. Und der Maibaum steht auch direkt vor der Tür.

Wirt Thomas Ruf und seine Frau Edith betreiben das Gasthaus in dritter Generation. Erstmals erwähnt wird es 1866. Thomas Ruf übernimmt 1993 nach dreijährigem Umbau. Der große Gastraum und die Florian-Stubn mit ihren Holzvertäfelungen und Balken atmen bayerische Gemütlichkeit. Der Stammtisch steht an zentralem Ort. Darüber hängen der Eichel-Ober, der Gras-Ober, der Herz-Ober und der Schellen-Ober, die höchsten Trümpfe beim Schafkopfen. Die Küche ist »bayerisch ausgefeilt«, wie Thomas Ruf es nennt. Das heißt Spargel im Frühjahr, Salatiges im Sommer, Wild, Gans und Ente im Herbst. Berühmt ist der Ochsenbraten. Gemüse, Fisch und Fleisch kommen aus der Region. Günstig, dass Bruder Otto nebenan die Schmankerl-Metzgerei Ruf mit eigener Schlachtung betreibt. »Ich muss ja nur hinübergehen ins Kühlhaus«, sagt Thomas Ruf. »Uns geht der Nachschub nie aus.«

Ein Gasthaus ist aber immer nur so gut wie die Stimmung des Personals, die sich auf die Gäste überträgt. Die Bedienungen kommen an manchen Tagen in kurzen Lederhosen an den Tisch. Thomas Ruf managt das umfangreiche Küchenpersonal. Restaurantchef »Herr Rudi« hat einen wachsamen Blick auf zügige Bewirtung. »Und die Mama«, sagt Thomas Ruf, »wenn die nicht wäre!« Frieda Ruf, hochbetagt, schält jeden Tag in der Küche 25 Kilo Kartoffeln.

Adresse Gasthaus Ruf, Marienplatz 2A, 82229 Seefeld-Oberalting, Tel. 08152/76363 | **Anfahrt** von der A 96 (Ausfahrt Oberpfaffenhofen) nach Weßling Richtung Herrsching, drei Kilometer nach Weßling an der Ampel links zum Seefelder Ortsteil Oberalting, direkt auf die Kirche zu | **Öffnungszeiten** Mo–Di und Do–So 10–24 Uhr | **Tipp** Die vergoldete Madonna an der Kirche ist eine Kopie der Muttergottes auf dem Glockenturm der Basilika Notre Dame de Fourvière in Lyon. Sie ist größer als die Maria auf dem Münchner Marienplatz.

61 Das Breitwand

Als bestes Kino Deutschlands ausgezeichnet

Es ist eine einzigartige Melange aus Kino und einer der schönsten Landschaften Deutschlands. Aus Filmkunst und Biergarten, dramatischen Storys und Urlaubsgefühl. Von Jahr zu Jahr lockt das Fünf Seen Filmfestival im Juli und August mehr Publikum vor Open-Air-Leinwände an den Gewässern und in die Lichtspielhäuser. Mit deutschen und internationalen Produktionen, mit Kurz- und Dokumentarfilmen, mit einem Kinder- und Jugendfilmfest. Matthias Helwig ist Organisator des Events.

Er betreibt selbst drei Kinos, die er Breitwand nennt. In Gauting, Starnberg und im Schloss Seefeld. Das ist sein schönstes, und das nicht nur wegen der Burgkulisse. 97 Sitze im Saal. Leder-Fauteuils in der Lounge. Auch Lesungen, Kleinkunst und Konzerte, Werkstattgespräche mit Regisseuren und Schauspielern finden hier statt. Nach einem Tango-Film wird Tango getanzt. »Der Kinobetreiber ist heute eher ein Intendant«, sagt Matthias Helwig. Natürlich zeigt er den Menschen auf dem Land die Blockbuster, sie sollen dafür nicht nach München fahren müssen. Er bringt aber auch ganz viel Arthouse-Programm, Debüts junger, ambitionierter Regisseure, die es nicht in die normalen Kinos schaffen, Filme im Originalton. »Mein Herz schlägt eben für den kleineren Film außerhalb des Mainstreams.« Helwig selbst sieht gern Screwball-Komödien. Das Breitwand ist mehrfach ausgezeichnet. Zuletzt als Deutschlands Kino mit dem besten Jahresfilmprogramm.

Einer der Höhepunkte des Fünf Seen Filmfestivals ist eine Kinoparty bei einer Fahrt im Dämmerlicht an Bord eines Schiffes über den Starnberger See. An Deck ist eine Leinwand aufgebaut. Die Wochenzeitung »Zeit« schreibt: »Wenn man mit einem Glas Weißwein im Liegestuhl sitzt, über das spiegelglatte Wasser auf die Alpen blickt und zum leisen Stampfen des Schiffes in einem Technicolor-Sonnenuntergang versinkt, dann fragt man sich, warum man eigentlich nach Cannes fährt.«

Adresse Schlosshof 7, 82229 Seefeld, Tel. 08152/981898 | Anfahrt von der A 96 (Ausfahrt Oberpfaffenhofen) nach Weßling und Richtung Herrsching, an der Kreuzung unterhalb Schloss Seefeld links, nächste rechts | Öffnungszeiten 30 Minuten vor der Vorstellung, Programm: www.breitwand.com | Tipp Das Bräustüberl im Schloss war einmal Brauerei. Im alten Sudhaus wird viel Kulturelles geboten. Programm: www.kultur-schloss-seefeld.de.

62__Die Eichenallee

Einzigartig und wunderschön

Die Polizei stellt hier gern Radarfallen auf. Die grauen Kästen sind zwischen den Baumriesen schwer auszumachen, passen sich zudem perfekt der Farbe ihrer Rinde an. Tempo 70, mehr ist nicht erlaubt. Und das nicht nur, weil das eine oder andere Marterl am Straßenrand lebhaft Kenntnis gibt davon, dass Unfalltote unterm Baum zu beklagen waren. Die Geschwindigkeitsbegrenzung ist auch Emissionsschutz für die 685 Eichen links und rechts der Straße zwischen Weßling und Seefeld.

Hier schneller zu brausen, ist aber nicht nur eine Ordnungswidrigkeit. Es ist Dummheit. Der Raser verpasst die Erhabenheit dieser Allee. Sie ist einzigartig in Bayern. Dass sie die schönste Europas ist, bleibt unwidersprochen.

Graf Anton Clemens zu Toerring-Seefeld, auf Brautsuche in Mähren und Ostpreußen, hatte den Zauber dortiger Alleen kennengelernt. Friedrich Wilhelm I., der Soldatenkönig, ließ sie einst anlegen, um seine Heerstraßen zu beschatten. Warum nicht auch die private Toerring-Straße, die Verbindung vom Schloss Seefeld zu den Gütern Delling und Ettenhofen, solchermaßen begrünen? Im Abstand von sechseinhalb bis acht Metern ließ der Graf Ende des 18. Jahrhunderts sogenannte Heister setzen, mehrjährige Stieleichen, denen äsende Rehe nichts mehr anhaben konnten. Weitsichtig geplant, beträgt der Abstand der Baumreihen 15 Meter. So ist die Allee auch heutigen Anforderungen gewachsen.

Die Hälfte der Bäume auf fast drei Kilometern Strecke ist Altbestand. 13.000 Autofahrer rollen täglich meist achtlos an 240 Jahre alten Eichen vorbei, deren dickste einen Umfang von fünf Metern haben. Abgase und Streusalz machen den Bäumen zu schaffen. Viele sind von Käfern hohl gefressen, bei Gewitterstürmen brechen ganze Stämme von oben bis zur Wurzel auseinander. Wo gefällt werden muss, wird nachgepflanzt. Baum-Doktoren geben ihr Bestes, um das Naturdenkmal zu erhalten.

Adresse Landstraße von Weßling nach Seefeld (Staatsstraße 2068) | **Anfahrt** von der A 96 (Ausfahrt Oberpfaffenhofen) nach Weßling, einen Kilometer nach Ortsende (Richtung Herrsching) beginnt die Allee | **Tipp** Parallel zur Landstraße, aber abseits, fließt der Aubach. Schöner Wanderweg vom Seefelder Ortsteil Oberalting zum Gut Delling.

63__Der Moosbach

Vom Widdersberger Weiher zum Schloss Seefeld

Glänzend liegt er da, der Widdersberger Weiher, von dichtem Schilf umrandet. Bäume spiegeln sich. Der Teich ist kein natürliches Gewässer. Abt Leonard hat ihn im 16. Jahrhundert als Rückhaltebecken anlegen lassen, als das Kloster Andechs hier eine Mühle betrieb. Der Weiher ist mit Schleien und Karpfen besetzt. Baden ist verboten.

Von hier geht es 150 Meter auf der Burgstraße Richtung Norden, dann rechts ab. Ein hölzerner Hinweis unter einem Tempo-30-Gebot weist den Weg zum Schloss Seefeld. Die ersten 100 Meter sind idyllischer Wiesenweg. Links auf dem Hang noch Einfamilienhäuser hinter Hecken, rechts offenes Gelände. Zunächst ist nichts zu hören. Dann, wenn sich das Tal einem Trichter gleich verjüngt – ist das ein Gurgeln? Man taucht nun ein in immer dichter werdenden Buchenwald. Beidseitig steigen Geländerippen an. Das Gurgeln wird lauter. Nun ist er auch glitzernd zu sehen. Der Moosbach schlängelt sich durch das Unterholz an den Wanderweg heran. Das Gurgeln wird jetzt ein fröhliches Plätschern. Das Wasser umspielt die Kiesel. Stürzt sich kleine Hindernisse hinab. Das ist Wellness pur. Das ist beste Geräuschkulisse zur Meditation. Meter für Meter, immer weiter, schmust der Moosbach jetzt mit dem Fußweg. Springt in kleinen Bögen mal zur Seite, kuschelt sich dann wieder an. Menschen sind hier selten zu treffen. Baumstümpfe laden zur Pause ein. Mildes Licht durchdringt das Blattwerk. Ein Gedenkstein ist aufgestellt. An dieser Stelle ist vor vielen Jahren ein Mensch zu Tode gekommen. Eine Plakette mit seinen Lebensdaten erinnert daran.

Brückchen überspannen den Moosbach. Mal links, mal rechts fließt er weiter entlang des Wegs. Dann öffnet sich der Baumvorhang. Schloss Seefeld thront auf einem Moränenhügel. Der Eigentümer Hans Caspar Graf zu Toerring-Jettenbach hat es vor Jahren aufwendig renovieren lassen. Ein Treppenweg führt nach oben in den Brunnenhof.

Adresse Ecke Dorfstraße/Burgstraße, 82211 Herrsching-Widdersberg | Anfahrt von der A 96 (Ausfahrt Oberpfaffenhofen) Richtung Herrsching, nach der Kreuzung unterhalb von Schloss Seefeld links nach Widdersberg, an der Ecke Dorfstraße/Burgstraße parken | Tipp Eine Goldschmiede, eine Schreinerei, Ateliers – verschiedene Künstler haben im Schloss Quartier genommen.

64_Das heilige Graffito

Streetart-Künstler verschönern ein Kloster

Der Sargdeckel hebt sich. Ein Skelett steigt empor. Sein Trachtenhut fliegt vom Totenschädel, der Kiefer ist weit aufgerissen. Geldscheine flattern herab. »Memento Money« ist darüber geschrieben in Anlehnung an die Mahnung »Memento mori« (Bedenke, dass du sterben musst). Das Bild des österreichischen Streetart-Künstlers Nikolaus Nychos ziert die Giebelwand eines alten Kuhstalls der Erzabtei Sankt Ottilien. Es mögen nicht alle Benediktiner-Mönche dem Graffito ihren Segen gegeben haben. Aber es war eine Mehrheit.

»Ich bin stolz auf meine Gemeinschaft, dass sie sich darauf eingelassen hat«, sagt Pater Cyrill Schäfer. Er interpretiert das Nychos-Werk als Kritik am Konsum und der Jagd nach Geld, hat aber auch Verständnis dafür, wenn solch ein Bild auf dem Klostergelände als Provokation verstanden wird. Schäfer, Leiter der Klostergalerie, hatte neun renommierte Künstler aus Deutschland, Polen, Großbritannien, Österreich, der Ukraine und Russland nach Sankt Ottilien geladen, um nackte Wände der Wirtschaftsgebäude und der Klosterschule zu besprühen und zu bemalen. »Heaven meets Earth« war das Motto. 1.000 Quadratmeter Fläche standen zur Verfügung. »Klöster sind über Jahrhunderte künstlerisch gestaltet worden«, sagt der Pater. »Kunst und Kirche sind eng verbunden. Wir wollten moderne Gestaltungsformen finden.«

Niemand hat den Künstlern Vorgaben gemacht. Der schwebende Folklore-Tote sei »eine herbe Sache«, räumt Pater Cyrill ein. »Aber die Barockzeit hat auch keine Hemmungen gehabt. Wenn man eine Barockkirche betritt, sind ein Skelett oder das Fegefeuer das Erste, was man sieht.« Loomit, Sprayer-Star der Szene, der schon die Außenwände der deutschen Botschaft in Neu Delhi und des Internationalen Strafgerichtshofs in Den Haag gestaltet hat, besprühte eine Garage: Feurige Hände strecken sich dem Firmament entgegen, malen Wolken. Der Himmel lässt am Fallschirm baumelnde Allgäuer Kühe regnen.

Adresse Erzabtei, 86941 Sankt Ottilien, Tel. 08193/710 | **Anfahrt** von der A 96 (Ausfahrt Eresing/Sankt Ottilien) vier Kilometer bis Eresing, von der Hauptstraße geradeaus in die Geltendorfer Straße, 500 Meter nach Ortsausgang rechts | **Tipp** Es gibt viel zu sehen in der Erzabtei: Das Nähmaschinen-Museum von Bruder Aurelian ist das einzige Südbayerns (Feb.–Okt. täglich 10–17 Uhr, Nov.–Jan. 10–16 Uhr, So ab 10.30 Uhr).

65_Der Schnapsladen

Birnenbrand von den Benediktinern

Was der Klosterladen der Benediktiner-Abtei Schäftlarn am Isarufer im Sortiment hat, haben fast ausschließlich Nonnen und Mönche hergestellt. Die Franziskanerin Doris aus dem niederbayerischen Mallersdorf hat das Bier gebraut. Der Wermut kommt vom Stift Kloster Neuburg. Aber natürlich sind die Hausmarken der Renner: Schäftlarner Birnenbrand, Apfelbrand, Zwetschgenbrand, der Himbeer- und der Walnusslikör. Dazwischen werden »Himmelsküsse« angeboten aus Honig mit Nüssen und Mandeln, Klosternudeln aus Sankt Ottilien, Trappistensenf. »Auch Bücher aus dem Bereich christliche Spiritualität«, so wirbt der Laden auf seiner Homepage. Dann das: Neben Hildegard von Bingens »Weisheit in göttlicher Liebe« steht mit rotem Einband »Das Kapital« von Karl Marx im Regal. Der Bestseller des Kommunisten und Religionskritikers (»Religion ist das Opium des Volkes«).

Die Benediktiner-Brüder von Schäftlarn haben die alte Tradition der Schnapsbrennerei, die seit der Säkularisation geruht hatte, erst in jüngerer Vergangenheit wiederbelebt und eine neue Destille eingerichtet. Sie pflücken ihr Obst von ungespritzten Bäumen auf naturbelassenen Streuobstwiesen. Der Apfelbrand ist ihr Favorit, »fruchtig und anhaltend im Geschmack«. Weil der Schnaps gut geht und um die Ernte nachhaltig zu sichern, haben sie eben erst zu den 150 Apfelbäumen 50 weitere gepflanzt. Vergessene Sorten. Außerdem wurde eine Plantage mit 100 Quittenbäumen angelegt. Die Mönche wollen ihr Angebot erweitern.

Den Laden im Gewölbekeller unter der Klosterpforte haben sie verpachtet, er wird von wenigen Mitarbeitern nebenberuflich geführt. Mit dem, was sie erwirtschaften, will man die historische Bausubstanz des Klosters erhalten, die Existenz der Erzeugerklöster sichern und ausgewählte soziale Projekte in aller Welt fördern. Ist der Klosterladen geschlossen, ist der Schnaps auch an der Pforte zu haben. Der Marx tendenziell nicht.

Adresse Klosterstraße 2, 82067 Schäftlarn-Kloster Schäftlarn, 08178/867424 | Anfahrt von der A 95 (Ausfahrt Schäftlarn) nach Schäftlarn, der Beschilderung »Kloster Schäftlarn« folgen | Öffnungszeiten Klosterladen: Mi–Sa 14–17 Uhr, So 11–17 Uhr; Kirche: 8–19 Uhr, im Winter bis 17.30 Uhr | Tipp Im barockreichen Bayern ist die Klosterkirche eine der bedeutendsten Bauten, gestaltet auch vom Hofstuckateur Johann Baptist Zimmermann. Anfang dieses Jahrtausends hat man die Kirche sieben Jahre lang restauriert.

66 Heino Ferchs Polo-Platz

Hier spannt der Filmstar von den Dreharbeiten ab

Gedreht hat er mit den Regisseuren Volker Schlöndorff, Nico Hofmann, Tom Tykwer, Joseph Vilsmaier, Margarethe von Trotta, Helmut Dietl. Der Ausnahmeschauspieler Heino Ferch ist als Charakterdarsteller gefragt. Er war Fluchthelfer Harry im Fernseh-Zweiteiler »Der Tunnel«. Hitlers Architekt Albert Speer in »Der Untergang«. Dutzende Kino-Hits. Noch viel mehr TV-Engagements. Ausgezeichnet mit dem Bayerischen Film- und Fernsehpreis, dem Bambi, der Goldenen Kamera. Immer neue Drehbücher, immer andere Rollen. Heino Ferch braucht einen Ausgleich.

Den findet er auf dem Rücken von »Blancanieves« (Schneewittchen). Auf der Schimmelstute aus argentinischer Zucht galoppiert er über das weite Grün des Polo-Clubs Landsberg-Ammersee. Die Zügel in der Linken. Den Stick, den Schläger, in der Rechten. Helm, orangefarbene Schutzbrille, Knie und Ellbogen mit dicken Lederpolstern geschützt. Polista, Polo-Spieler, ist Heino Ferch seit vielen Jahren. »Wenn man die Bälle im leichten Galopp trifft und sie weit durch die Luft fliegen – das sind großartige Momente«, sagt der Schauspieler. »Es ist ein adrenalingeladener und körperbetonter Sport. Wir freuen uns, wenn wir unsere Pferde nach einem Spiel gesund zurück in den Stall bringen.«

Heino Ferch und seine Frau Marie-Jeanette, früher im Nationalkader der deutschen Vielseitigkeitsreiter erfolgreich, kämpfen gemeinsam im Team bei bundesweiten Turnieren. Ferch ist der Captain der Vierer-Mannschaft. Beide sind Mitglied im Polo-Club Landsberg-Ammersee, fördern den Nachwuchs. Das Trainings- und Turniergelände des Vereins liegt in Schwifting, versteckt hinter landwirtschaftlichen Gebäuden. Es ist groß wie sechs Fußballfelder. Das lockt Polo-Sportler aus ganz Europa hierher. Von ihrem Reiter- und Bauernhof in Stegen am Ammersee aus haben die Ferchs es nicht weit. Dort kann man den Künstler auf dem Traktor sehen.

Adresse Ammerseestraße 25A, 86940 Schwifting, Tel. 0171/2005509 | **Anfahrt** von der A 96 (Ausfahrt Schöffelding) nach Schwifting, am Ortsende links in die Ammerseestraße, auf der linken Seite | **Öffnungszeiten** Turniertermine unter www.polo-landsberg.de | **Tipp** Kaltenberg ist nur zehn Autominuten entfernt. Das Schloss und die Arena unterhalb sind jährlich Schauplatz des weltweit größten Ritterturniers.

67__Die Bootshäuser

Schätze über dem Wasser

Pfahlbauten hat es schon vor 6.000 Jahren am Starnberger See gegeben. Ihre Reste stecken im Grund vor der Roseninsel bei Feldafing. Sie sind Weltkulturerbe und nur bei anhaltendem Niedrigwasser oder von Tauchern zu sehen. Kelten sollen auf ihnen gehaust haben. Die heute sichtbaren Pfahlbauten sind jüngeren Datums. Die Bootshäuser sind einen Ausflug wert. Vom Land aus ist oft nur wenig von ihnen zu entdecken, eingewachsene Grundstücke schirmen sie ab. Also nimmt man am besten ein Boot, um die Kleinode zu entdecken.

Bald in jedem Ort am 49 Kilometer langen Ufer werden Boote vermietet. Am besten ist eines mit Elektroantrieb. Für 20 Euro in der Stunde ist solch ein Boot mit guter Leistung zu haben, und der Akku hält Stunden. Dann Leinen los! Die schönsten Bootshäuser sind am Westufer zu finden. Schätze über Wasser, die man aufspüren muss! Manche wie eine alpenländische Hütte mit grün gestrichenen Fensterläden und Geranien in Blumenkästen überm Steg, andere wie ein kleines Lustschloss. Einige aus verwittertem Lärchenholz, andere massiv gemauert und mit angedeutetem Hafenbecken, von einem steinernen Löwen beschützt. Geduckt unter tief hängenden Weiden oder erhaben thronend von Weitem sichtbar.

Mieten kann man die Bootshäuser nicht, und wenn mal eines verkauft wird, dann zu astronomischen Preisen. Selten ist etwas über ihre Besitzer zu erfahren. Deshalb ist es spannend, vom Geheimnis der Hütte von Jakob Lidl (1864–1933) zu hören. Er war Fischer in Berg und Vertrauter von König Ludwig II. Wenn Sisi auf der Roseninsel logierte, ruderte er als Postillon d'amour dessen Briefe und Gedichte zu ihr. Und es war Lidl, der den toten Kini aus dem See fischte. War er Zeuge, wie der König tatsächlich ums Leben kam (siehe Seite 154)? Jedenfalls lag dessen Leichnam noch einige Stunden nach dem Fund in Lidls Hütte. Die soll zwei Tage später abgerissen worden sein. Um (Blut-)Spuren zu verwischen?

Adresse Ufer des Starnberger Sees | **Anfahrt** über die A 952 nach Starnberg, links oder rechts am See entlang | **Tipp** Den Bootsverleiher unbedingt nach einer Badeleiter fragen! Creme und Sonnenschirm mitnehmen! Eine Stunde Badespaß mitten auf dem See während des Bootshäuser-Sightseeings ist ein Traum.

68 Das Székler-Tor

Wo der »Biene Maja«-Autor wohnte

Vermutlich weiß Waldemar Bonsels gar nicht, was es mit diesem großen, bunten Tor auf sich hat, als er an einem Nachmittag im Jahr 1919 lange im Garten des Hauses Seeuferstraße 25 in Ambach sitzt. Das auffällige Holztor ist mit Blumenschnitzereien reich verziert. Darüber ein Taubenschlag und dieser Spruch: »Wenn du Gott und deine Heimat liebst, magst du eintreten. Mit tückischer Seele jedoch sollst du draußen bleiben.« Bonsels lässt den Blick auf sich wirken: die Landschaft, die Berge. Das Tor soll von nun an die Pforte sein zu seinem Grundstück, nur durch einen Fußweg vom Ufer des Starnberger Sees getrennt?

Es ist ein sogenanntes Ungarisches oder Székler-Tor. Die Székler sind eine den ungarischen Székler-Dialekt sprechende Bevölkerungsgruppe im rumänischen Siebenbürgen. Székler-Tore symbolisieren den Übergang von der äußeren Welt in das vertraute Heim und sollen Böses abwehren. Das Grundstück und das Haus darauf gehören dem ungarischen Maler Gyula Benczúr, damals Direktor der Akademie der Bildenden Künste in München. Er will verkaufen. Waldemar Bonsels (1880–1952) erwirbt das Anwesen. Er ist vermögend geworden als Autor des Buches »Die Biene Maja und ihre Abenteuer«. Die Ausflüge der Biene und ihres besten Freundes Willi sind heute für Millionen Menschen Teil ihrer Kindheit, eine Trickfilmserie aus den 1970er Jahren wurde in animierter Version und 3D-Optik 2013 erneut ein Erfolg. Das Buch ist in über 40 Sprachen übersetzt. Die Urne mit Bonsels Asche ist im Garten des Hauses vergraben.

Die Waldemar-Bonsels-Stiftung hat das Tor in haltbarer Lärche rekonstruieren und das Gebäude aufwendig herrichten lassen. Sie hat auch ein Forschungsprojekt finanziert, das sich mit Bonsels späterer Arbeit und seinen Verstrickungen in der Nazizeit auseinandersetzt. Er hat sich als Antisemit profiliert. Möglicherweise, um einem Schreibverbot zu entgehen.

Adresse Seeuferstraße 25, 82541 Münsing-Ambach, Tel. 089/51689790 (Waldemar-Bonsels-Stiftung) | **Anfahrt** von der A 95 (Ausfahrt Wolfratshausen) nach Ambach, von der Holzbergstraße in die Seeuferstraße | **Öffnungszeiten** Das Haus ist vermietet. Ein Gedächtnisraum mit Bonsels Schreibtisch kann auf Anfrage bei der Stiftung besichtigt werden. | **Tipp** Nur wenige Meter südlich liegt das Restaurant Zum Fischmeister. Schauspieler Josef Bierbichler ist hier geboren. Romanautor Patrick Süskind (»Das Parfüm«) stammt ebenfalls aus Ambach.

69__Die Bäckerei Graf

Drehort der Krimi-Humoreske »Hubert und Staller«

Am Fenster ein Stehtisch mit gelber Resopalplatte, türkisfarben umleimt. Ein Zuckerstreuer darauf und Döschen mit Kondensmilch. Ein trivialer Ort, spärlich beleuchtet. Aber an diesem Tisch wurden schon die kniffligsten Fälle gelöst. Der Tod des Musikers, dessen Kopf in der Tuba steckte. Die Sache mit dem Ladyboy, der in der Badewanne starb. Der Mord mit dem Golfball. Immer eigentlich eine Nummer zu groß für die Streifenpolizisten Franz Hubert und Johannes Staller, immer sind die skurrilen Bayern-Cops tendenziell überfordert. Aber am Ende schaffen es die verträumten Dorfbullen doch mit ihrer schrägen Art, den Fall zu lösen. Sogar das Koi-Napping (Folge: »Die Japaner kommen«) klären sie auf, der asiatische Edelkarpfen wurde entführt und schwimmt am Ende im Bierfass. »Uns geht jeder große Fisch ins Netz«, kommentiert Staller.

Helmfried von Lüttichau spielt den Polizeiobermeister und der selbst in Ammerland lebende Christian Tramitz dessen Kollegen. Die tollpatschigen Ermittler sind die Helden der Krimi-Reihe »Hubert und Staller«, Quotenrenner und seit 2011 bayerischer Beitrag zur ARD-Vorabendserie »Heiter bis tödlich«. Fester Bestandteil der Drehbücher: Am Stehtisch der hübschen Bäckerin Sabrina, gespielt von Carin Christina Tietze, trinken die Wachtmeister ihren Kaffee, essen ein Croissant, analysieren die Lage. Und flirten mit der offenherzigen Verkäuferin. Manchmal weiß sie mehr. Gedreht werden diese Szenen an den Stehtischen der Bäckerei von Regina und Hubert Graf. Montags, denn dann ist nachmittags ohnehin geschlossen. Vor dem Geschäft wird für die 40 Mitarbeiter des Filmteams das Catering aufgebaut, denn drinnen ist es eng.

Mehr ein Kramerladen alter Güte ist die Bäckerei Graf, vom Shampoo bis zum Schinken ist alles zu haben. Regina Graf freut sich, wenn wieder Drehtag ist: »Der Hubert und der Staller haben immer Witze auf Lager. Den ganzen Tag wird gelacht.«

Adresse Ammerlander Hauptstraße 15, 82541 Münsing-Ammerland, Tel. 08177/216 | Anfahrt von der A95 (Ausfahrt Wolfratshausen) nach Münsing, Richtung Berg, kurz nach Ortsende Münsing links in die Ammerlander Straße und Ammerlander Hauptstraße, nach 2,5 Kilometern auf der rechten Seite | Öffnungszeiten Mo 6–12.30 Uhr, Di–Fr 6–12.30 und 14.30–18 Uhr, Sa 6–12.30 Uhr | Tipp Auch ein guter Platz, sein Croissant zu essen: der Ammerlander Dampfersteg.

70_Loriots Zuhause

Am Neujahrsmorgen hat er die Blaskapelle dirigiert

Das Eckgrundstück, das Vicco von Bülow am Ende des Höhenweges im Ammerlander Neubaugebiet Wimpasing erworben hatte, ist groß. Seine Möpse Emil und Paul brauchten Auslauf. Einen ersten Plan für das Landhaus, zurückhaltend vornehm, hat Loriot selbst entworfen. 1963 zog er mit der Familie ein. Deutschlands feinsinnigster Humorist schätzte die Ruhe, die man ihm hier gewährte. Aber er grenzte sich nicht aus. Gelegentlich sah man ihn mit den Hunden beim Spaziergang. Das war ihm ja eine Weltanschauung: »Ein Leben ohne Möpse ist möglich, aber sinnlos.«

Vicco von Bülow (1923–2011) war fest verwurzelt im Gemeindeleben. Aus seinem alten Jaguar grüßte er freundlich. Am Damwild-Gehege der Gastwirtschaft Gerer studierte er die Tiere. Auf eine Wand der Backstube Graf kritzelte er als Dankeschön für ein Hexenhäuschen eines seiner unverwechselbaren Knollennasengesichter à la Müller-Lüdenscheidt. Den Butterkuchen vom Bäcker mochte der Spaßmacher am liebsten. Der Schelm mit dem scharfen Blick für das Ulkige im Zwischenmenschlichen, gern aus der Unterabteilung Mann und Frau, war bei Dorffesten dabei oder auf der Krummleitn, wo Mannsbilder alle fünf Jahre zur Volksbelustigung Ochsen reiten. Im Gasthaus Limm sah man ihn öfter. Gerne bestellte er Leberknödelsuppe oder fragte nach »Kartolffelpürreh«. Das habe geklungen wie in einem seiner Sketche, erinnert sich die Bedienung. Die Gemeinde hat Vicco von Bülow 1993 zum Ehrenbürger gemacht. Die Musikkapelle brachte ihm zu Neujahrstagen ein Ständchen, und Loriot hat vor der Haustür dirigiert.

Spät hat Vicco von Bülow unten am See noch ein Grundstück gekauft und den Bau eines Badestegs beantragt. Oft und ausgiebig soll er sich gesonnt haben darauf. Nicht überliefert ist, ob er sich hier dieses Loriot-Bonmot hat einfallen lassen: »Wussten Sie schon, dass die Alpen einen ganz erbärmlichen Anblick bieten, wenn man sich die Berge wegdenkt?«

Adresse Höhenweg 19, 82541 Münsing-Ammerland | **Anfahrt** von der A 95 (Ausfahrt Wolfratshausen) nach Münsing, Richtung Berg, kurz nach Ortsende Münsing links in die Ammerlander Straße und Münsinger Straße, rechts in den Höhenweg | **Tipp** Franz Graf von Pocci hat Kinderbücher illustriert und den Kasper Larifari erfunden, das hat ihm den Namen »Kaschperlgraf« eingetragen. Fast wäre das Pocci-Schloss verfallen, Privatleute haben es in besten Zustand versetzt (wenige Meter die Nördliche Seestraße entlang).

71 Der Obstbaum-Biergarten

Im Schatten Schmankerl der Hoffischerei genießen

Die Zeit der Apfelblüte ist sicher die farbenfrohste. Im Sommer spendet dichtes Blattwerk mehr Schatten. Und ducken muss man sich, wenn die Früchte fast reif sind und die Äste noch tiefer über Bierbänke und Tische ziehen. Die sind mit rot-weiß karierten Decken proper gedeckt und stehen in der grünen Wiese.

Das Westufer des Starnberger Sees hat seine Edel-Restaurants in Wasserlage. Cabrios und schwere Sport-Utility-Vehicles parken davor im Halteverbot. Das Ostufer bietet verborgene Treffpunkte. Stille Oasen. Stüberl. Brotzeitgärten. Wo eher Fahrräder am Jägerzaun lehnen. Wo man auch als Familie das Essen noch bezahlen kann und das Weißbier nicht teurer ist als in München-Giesing. Die Gartenwirtschaft von Fischer Matthias Sebald ist solch ein Ort. Jeden Morgen zieht er seinen Handwagen den Weg zum Steg hinunter. Steuert mit dem Boot sein Revier an, wo er zu Beginn der Woche die Netze ausgelegt hat. Eins nach dem anderen holt er ein und pflückt die Fische aus den Maschen. Renken, Aale, Saiblinge, Barsche, Zander. Je nach Standort und Saison sowie abhängig davon, wie engmaschig das Netz ist. Ein Teil des frischen Fangs wird an Gasthäuser geliefert, der andere kommt filetiert in den Hofladen oder zunächst in den Rauch. Matthias Sebald räuchert über Erlenholz. »Das gibt ein gutes Aroma und eine goldgelbe Farbe.« Seit 1850 ernähren die Fische die Familie Sebald, der Betrieb war Hoffischerei. Weil das Fischereirecht vererbt wird, ist Matthias Sebald weiter der Hoffischer.

Da seine Fische so gut ankommen, haben er und sein Bruder die Bierbänke unter die Apfelbäume gestellt. Man holt sich die Schmankerl im Laden als Tellergericht oder in der Semmel. Die noch warmen Fischpflanzerl aus bestem Filet sind eine Spezialität. Wer sich danach noch etwas gönnen möchte, geht hinunter zum Steg und genießt den Sonnenuntergang. Während die am Westufer schon im Dunkeln sitzen.

Adresse Nördliche Seestraße 22, 82541 Münsing-Ammerland, Tel. 08177/9132 | Anfahrt von der A 95 (Ausfahrt Wolfratshausen) nach Münsing, Richtung Berg, kurz nach Ortsende Münsing links in die Ammerlander Straße und Ammerlander Hauptstraße, rechts in die Nördliche Seestraße | Öffnungszeiten April–Okt. Di–Sa 8–19 Uhr, So 9–19 Uhr, Nov.–März Di–Sa 8–18 Uhr, So 10–18 Uhr | Tipp Wer Buße tun muss, der ist hier richtig: An der Ave-Maria-Kapelle (Höhe Kapellenweg 7) geht der Kreuzweg wirklich steil hinauf.

72__Der Heinz-Rühmann-Weg

Hier spazierte der Jahrhundertschauspieler

Die Gemeinde Berg war immer Prominenten-Heimstatt. Der Ort kann auf viele Persönlichkeiten verweisen, die hier verstorben sind. Auf König Ludwig II. natürlich. Auf Sportreporter-Vorbild Harry Valérien, auf Marlene-Dietrich-Filmpartner Hans Albers (»Der blaue Engel«), auf Ausnahme-Sänger Dietrich Fischer-Dieskau oder Reinhard Gehlen, den ersten Präsidenten des Bundesnachrichtendienstes. In Berg war auch der als »Schauspieler des Jahrhunderts« geehrte Heinz Rühmann zu Hause.

In Essen, wo er geboren wurde, heißt der Bahnhofsplatz Heinz-Rühmann-Platz. Etliche weitere Städte und Gemeinden haben Straßen nach ihm benannt. Der Heinz-Rühmann-Weg in Aufkirchen, Ortsteil von Berg, war tatsächlich »sein« Weg. Nicht einmal befestigt ist er, nur ein Feldweg. Er führt durch Wiesen, steuert nach einer Linkskurve auf Sibichhausen zu. Hier konnte man Heinz Rühmann (1902–1994) bis zu den letzten Tagen seines Lebensabends sehen. Der Theater- und Filmschauspieler, der Generationen von Zuschauern zum Lachen brachte (»Die drei von der Tankstelle«, »Die Feuerzangenbowle«, »Quax, der Bruchpilot«) oder zu Tränen rührte (»Wenn der Vater mit dem Sohne«), dessen Lieblingsrollen aber die des Hauptmanns von Köpenick und die des braven Soldaten Schweijk waren, hat nur wenige Schritte entfernt gewohnt.

Ein ausladendes Nadelgehölz beschattet den Eingang seines Hauses am Klosterweg, wo Rühmann an seiner Autobiografie »Das war's« gearbeitet hat. In den Schreibpausen traten er und seine Frau Herta durch das schmiedeeiserne Gartentor mit vielen Schnörkeln hinaus, um sich dann nach links zu wenden. Der heutige Heinz-Rühmann-Weg ist die direkte Verlängerung des Klosterwegs. Ganz oft hat das Paar mit dem Hund diesen geliebten Spazierweg genommen. Vor sich die Alpenkette, bei Föhn die Zugspitze zum Greifen nah. Neben einem Wegkreuz und einer Ruhebank erinnert eine Gedenktafel an den großartigen Mimen.

Adresse Heinz-Rühmann-Weg, 82335 Berg-Aufkirchen | **Anfahrt** von der A 952 (Ausfahrt Percha) nach Berg, links in die Isartalstraße und Marienstraße, nach der Klosterkirche rechts auf den Marienplatz, links in den Klosterweg | **Tipp** Beste Sicht aufs Karwendel- und Wettersteingebirge hat man auch vom Wintergarten und der Terrasse des Gasthofs Die Post am Marienplatz (Tel. 08151/446120).

73 Das Kini-Kreuz

Unfall, Mord oder Selbstmord?

Zum Nachtmahl hatte Hofkoch Theodor Hierneis Köstliches zubereitet: Consommé aux perles de Nizam. Omelette ris de veau. Poulet roti. Salade d'asperges. Compot d'abricots. Aber Ludwig II. kam nicht mehr zu Tisch. Man fand ihn im Wasser dümpelnd. Die königliche Uhr war um 18.54 Uhr stehen geblieben. Mit ihm starb Bernhard von Gudden, der Psychiater, der den Kini für verrückt erklärt hatte: »In fortgeschrittenem Grade seelengestört. Psychose. Unheilbar.«

Nur wenige Schritte vom Ufer entfernt markiert ein Teakholz-Kreuz, umspielt von sanften Wellen, die Stelle, wo der närrische Baulöwe und König der Herzen am 13. Juni 1886 zu Tode kam. Was war passiert? Man weiß, dass der entmündigte Monarch auf Schloss Berg, in das man ihn wegsperren will, am Nachmittag dieses Pfingstsonntags gut speist. Wein gehört dazu. Es regnet am Abend, als Patient Ludwig und der Arzt sich aufmachen zu einem Spaziergang. Aber die Herren kommen nicht wieder. Man sucht mit Fackeln und findet um 22.30 Uhr ihre Leichen.

Der Psychiater habe den König am Selbstmord hindern wollen, beide seien dabei ertrunken. Das ist die offizielle Version. Aber der König ist 1,93 Meter groß. Kann er sich im knietiefen Wasser ersäufen? Ein Obduktionsbericht ist damals mangelhaft. Seither gedeiht das Gschmatz (Gerede). Königstreue hätten seine Flucht vorbereitet, erzählt man. Leibfischer Jakob Lidl habe im Seichten mit dem Kahn auf die Majestät gewartet, da sei ein Schuss gefallen. Tatsächlich ist Lidl einer der Männer, welche die Toten später finden. Eine Badehütte, in der die Leichen noch Stunden gelegen haben sollen, sei zwei Tage später abgerissen worden, um Blutspuren zu beseitigen (siehe Seite 142). Und der verschwiegene Lidl gilt nach dem Königstod plötzlich als gemachter Mann. Die Bayern lieben diese Geheimnisse um ihren Märchenkönig. »Ein ewig Rätsel will ich bleiben mir und anderen«, so hat er es gewollt.

Adresse Parkplatz Ecke Mühlgasse/Waldstraße, 82335 Berg | **Anfahrt** von der A 952 (Ausfahrt Percha) Richtung Berg, nach Kempfenhausen rechts in die Waldstraße, am Parkplatz der Beschilderung »Votivkapelle« folgen | **Tipp** Ludwig war ein begeisterter Reiter. Im Marstall (Mühlgasse 7) standen seine Lieblingspferde »Woluspa«, »Gerda« und »Gunloed«.

74__Der Kramerfeicht

Fischladen mit Wohnzimmer-Restaurant

Von Montag bis Freitag legt Peter Andrä im Starnberger See seine Schwebnetze aus. Kontrolliert sie im Winter um 7.30 Uhr, im Sommer um 4.45 Uhr. Am Wochenende wird nicht gefischt. »Wenn 20.000 Münchner gleichzeitig in ihre Badewanne plumpsen, brauchst keine Netze ausbringen.« Renke, Saibling, Zander, Hecht, Karpfen bieten er und Ehefrau Babsi in ihrem Laden an, gelegentlich Aalrutten, dem Dorsch verwandt. Aber auch Meeresfische und Krustentiere sind auf Wunsch der Kunden im Angebot. »Ausschließlich aus Wild- und Leinenfängen von kleinen Booten aus, aus nicht überfischten Gebieten.« Schlepp- und Treibnetzfänge lehnt der Fischer ab.

»Nachhaltigkeit ist bei uns schon seit mehr als 100 Jahren Standard«, sagt Peter Andrä. Er ist der Fischmeister der achten Generation auf dem Kramerfeicht-Hof. 1796 hat die Familie hier zum ersten Mal über Buchenholz geräuchert. Anfangs waren die Fischereirechte nur ein Zubrot für die Bauern. Noch immer werden sie vererbt, was voraussetzt, dass Tochter oder Sohn auch Fischmeister werden. Peter Andrä war zuerst Schreiner und Bootsbauer, bevor er seinen Fischwirtschaftsmeister machte, um von Vater Siegfried übernehmen zu können. 34 Fischer, genossenschaftlich organisiert, teilen sich die Unterwasserrechte. »Das ist auch Verpflichtung zu Hege und Pflege.« Dreijährige Fische werden nicht gefangen, sie sollen sich zunächst einmal reproduzieren. Älteren Fischen entnimmt man den Rogen, um im Bruthaus Setzlinge großzuziehen. Trotzdem geht der Fischbestand zurück. Das Wasser wird immer sauberer, aber auch nährstoffärmer. Und Kormorane fressen sich satt. Allein auf der Roseninsel sollen 120 Pärchen heimisch sein.

Nebenan verwöhnen Schwester und Schwager ihre Gäste. Sie ist Sommelière, er der Koch. In ihrem Wohnzimmer wird aber nur am ersten Mittwoch und Donnerstag im Monat für À-la-carte-Gäste aufgetischt. Sonst ist für Feste geöffnet.

Adresse Grafstraße 6, 82335 Berg, Tel. 08151/50005 (Fischladen) und 08151/5706 (Restaurant) | **Anfahrt** von der A 952 (Ausfahrt Percha) nach Berg, im Kreisverkehr geradeaus in die Perchastraße, rechts in die Grafstraße | **Öffnungszeiten** Di und Sa 9–13 Uhr, Mi–Fr 9–13 und 14–18 Uhr | **Tipp** Im Kreisverkehr ein paar Runden drehen und die überdimensionale Königskrone bestaunen. Reminiszenz an Ludwig II.

75 Das Stüberl des Oskar Maria Graf

Wo der Autor das Bäcker-Handwerk lernte

Der Bayer in New York! Lederhose, Jankerl, Haferlschuhe und Kniestrümpfe – schon schrill für die Amerikaner, welchen Dress Oskar Maria Graf auch bei offiziellen Anlässen wählte. Auch wenn er inzwischen US-Bürger geworden war, er blieb sich treu. Sein bayerisches Outfit soll geholfen haben, das Heimweh zu lindern.

Wo heute im Oskar-Maria-Graf-Stüberl Wirt Peter Reinmann erlesene regionale Küche bietet, wird Oskar Graf 1894 geboren. Der Vater stirbt früh, der wesentlich ältere Bruder Max übernimmt die Bäckerei im selben Haus, lässt die Geschwister schuften. Oskar misshandelt er. Aus einem unveröffentlichten Entwurf zu Grafs Autobiografie: »Wollt ihr nun wissen, wer ich bin, so sage ich: Mir ist als Bub … der Glaube an das Menschliche im Menschen herausgeprügelt worden.« Als Kind flüchtet er in die Welt der Bücher. Als Jugendlicher nimmt er Reißaus vor den Schlägen des Bruders und zieht nach München. Schriftsteller will er werden, sieht sich anfangs als »Spezialist für ländliche Sachen«. Den zweiten Vornamen Maria legt er sich später zu.

Für wenige ist er der »Provinzpoet« geblieben. Die meisten sehen seine mehr als 40 Bücher als das Werk eines Anarchisten, Pazifisten und unbequemen Mahners mit unbestechlichem Blick für soziale Fragen. Als seine Bücher 1933 nicht wie andere von den Nazis verbrannt werden, empört sich Oskar Maria Graf: »Verbrennt mich! Nach meinem ganzen Schreiben habe ich das Recht, zu verlangen, dass meine Bücher … nicht in die blutigen Hände und die verdorbenen Hirne der braunen Mordbande gelangen.« Graf wird ausgebürgert, seine Bücher werden doch noch verbrannt. Er flüchtet ins Exil in die USA. »Oberbayern hat keinen echteren, in der vom Schicksal erzwungenen Ferne keinen treueren Sohn«, schreibt Thomas Mann über den Kollegen.

Adresse Grafstraße 9, 82335 Berg, Tel. 08151/51688 | **Anfahrt** von der A 952 (Ausfahrt Percha) nach Berg, im Kreisverkehr geradeaus in die Perchastraße, rechts in die Grafstraße | **Öffnungszeiten** Mi–Mo 10–23 Uhr | **Tipp** Mürrischer Blick, die Schultern hochgezogen: Der Schriftsteller sitzt als Denkmal auf gepacktem Koffer vor der Oskar-Maria-Graf-Schule im Berger Ortsteil Aufkirchen. Hier hat er selbst gelernt.

76__Der Gstupperhof

So hat's vor Hunderten von Jahren ausgesehen

Mehr geht nicht, um beim Wettbewerb »Unser Dorf soll schöner werden« zu den Favoriten zu zählen. Farbenträume im gepflegten Bauerngarten! Auch die Blumenkästen am umlaufenden Balkon des Hauses an der Ecke Dorfstraße / Reitweg sind üppig bepflanzt. Der Gstupperhof, ein Kleinbauernhaus in Holzblockbauweise, errichtet 1685, ist eines der Aushängeschilder von Bernried. Wer von Norden kommend in die Dorfstraße fährt, steuert direkt darauf zu. Silber und Gold im Dörfer-Contest hat die Gemeinde schon öfter gewonnen. Und sie ist Bundessieger im Wettbewerb »Unser Dorf hat Zukunft«.

34 als Denkmal geschützte Ensembles hat der 2.200-Einwohner-Ort. Das Haus Dengg mit dem Elchgeweih oder das Afrahaus, auch Stallbartl genannt, sind ebenfalls an der Dorfstraße zu finden. Aber der Gstupperhof gegenüber der Hofmarkskirche ist besonders. Die geschnitzten Hölzer, die Hirschgeweihe und der Herrgott unterm Giebel zeugen von der Liebe der Bewohner und der Bauherren zum Detail. Das war damals nicht selbstverständlich.

Die Menschen sind arm, als Bernried 1685 zu großen Teilen niederbrennt. Sie sind Bauern, Handwerker, Fischer. Was sie erwirtschaften, ist oft so wenig, dass die Familien hungern müssen. Trotzdem müssen sie Abgaben zahlen, sie sind Abhängige, aller Grund gehört dem Kloster der Augustinerchorherren unten am Ufer. Nach der Feuersbrunst stellen diese wenigstens Holz aus ihren Wäldern für den Wiederaufbau zur Verfügung. Der Probst will für einige Jahre sogar auf den Obolus verzichten. So wird das Klosterdorf schon damals wieder schön. So schön, dass es die Künstler anzieht. Lovis Corinth (1858–1925), wichtiger Vertreter des deutschen Impressionismus, verbringt mehrere Urlaube hier, malt das Bild »In Max Halbes Garten«, heute im Münchner Lenbachhaus ausgestellt. Der Schriftsteller Halbe hatte sich im Bernrieder Tanerahaus einquartiert. Man traf sich zum Frühstück.

Adresse Dorfstraße, 82347 Bernried | Anfahrt von der B 2 Starnberg/Weilheim nach Tutzing und Bernried, in der Rechtskurve am Hotel Seeblick geradeaus in die Dorfstraße | Tipp Die Liegewiese des Bernrieder Strandbads ist auch zur Hauptsaison ein ruhiger Platz. Am Kloster vorbei, dann rechts den Uferweg »An der Mühle« entlang.

77__Die Libelle

Sie ist vor Buchheims Museum gelandet

Wie ein böses Reptil zeigt es sich von vorn. An seiner Schnauze ist das Ungeheuer mit Revolverzähnen bewaffnet. An seiner Flanke wacht ein Dämon über eine Bombe. Zum Heck hin wird das skurrile Etwas friedfertiger. Verwandelt sich zum flügelschlagenden Flower-Power-Wesen. Die Riesenlibelle hat auf der Wiese vor dem Buchheim-Museum aufgesetzt. »Vom Krieg zum Frieden« war das Motto der fünf Künstler, die diesen Helikopter grellbunt gestaltet haben.

Der Militärhubschrauber vom Typ Mil Mi 2T wurde auch Sokól (Falke) genannt. Die Grenztruppen der DDR haben solche Maschinen für Sicherungsflüge eingesetzt. Dieser Helikopter flog in Polen. Als er ausrangiert wurde, kaufte ein Landschaftsbauer ihn als Spielhaus für seine Enkel. So landete er im Fünfseenland. Zwei Galeristen entdeckten den Hubschrauber und hatten eine Idee: Graffiti-Writer sollten ihn zum Kunstwerk machen. Sie fragten nach bei Beastiestylez, Dog ISK, Casiegraphics, I ARE UGLY und Won ABC. International gefeierte Stars. Bei Won ABC haben die Schauspielerin Gina Lollobrigida, Geigengenie Anne-Sophie Mutter oder die Stadtwerke München Objekte gekauft – während die Deutsche Bahn in der Zeit, als er noch illegal arbeitete, eine sechsstellige Summe für Schäden an S-Bahn-Zügen verlangte. Lange her. Nun haben Won ABC und vier andere das Kriegsgerät drei Wochen lang mit Graffiti, Airbrush, Pinsel und Fasermalerei verzaubert und Libelle genannt. Bevor sie in Bernried ankam, hat sie auf Kunstausstellungen für Aufsehen gesorgt.

Das »Museum der Phantasie« mit seinem zwölf Meter über dem Wasser schwebenden Steg, das die Expressionisten-Schätze, Zirkuspferde und afrikanischen Masken aus der Sammlung des streitbaren Schriftstellers Lothar Günther Buchheim (1918–2007) zeigt, hat mit neuer Leitung wieder Schwung bekommen. Ganz im Sinne Buchheims. »In meinem Museum soll es sich rühren.« Das war sein Wille.

Adresse Am Hirschgarten 1, 82347 Bernried, Tel. 08158/99700 (Museum) | **Anfahrt** von der B 2 Starnberg/Weilheim bei Traubing nach Tutzing und Richtung Bernried, nach der Klinik Höhenried auf der linken Seite | **Öffnungszeiten** April–Okt. Di–So 10–18 Uhr, Nov.–März 10–17 Uhr (Museum) | **Tipp** 400 Jahre war die Eiche alt, deren Torso am Parkplatz steht. Ein Blitz hat sie vor wenigen Jahren getötet. Jetzt ist das Totholz Biotop für Käfer und Pilze.

78_Die Mississippi-Weiher

Trostpflaster für die »Queen of Bavaria«

Sie führen ein Dasein im Verborgenen. Sind hinter Gebüsch und unter hohen Bäumen versteckt. Fünf Weiher, mit Seerosen bewachsen, reihen sich hintereinander. Vier Brückchen mit Putten trennen sie. Kaskaden verbinden sie. Auch wer schon manches Mal den Weg vom Parkplatz zum »Museum der Phantasie« genommen hat, ist oft achtlos an ihnen vorübergegangen. Eher kommt man an ihnen vorbei, wenn man vom Höhenrieder Park (siehe Seite 178) den Weg zum Buchheim-Tempel sucht.

Die Entstehungsgeschichte der künstlich angelegten Tümpel ist abenteuerlich. Damals ist Wilhelmina Busch Herrin auf Schloss Höhenried – 14. Kind des US-Bierkönigs Adolphus Busch, aufgewachsen in Missouri. Der Autor Peter Wiede hat sie die »Dollar-Königin vom Starnberger See« genannt. Andere sprechen von der letzten »Queen of Bavaria«. Jedenfalls sollen drei Millionen Dollar jährliche Apanage nicht gereicht haben für ein schrilles Luxusleben und Zuwendungen auch an Adolf Hitler, von denen berichtet wird. Minnie, wie man sie nannte, hat sich kurz vor dem Zweiten Weltkrieg in Höhenried ein Schloss mit 60 Zimmern zwischen wuchtigen Rundtürmen bauen lassen. Der letzte Schlossneubau in Bayern. Als die USA in den Krieg eintreten, geht Minnie in die Schweiz, kehrt 1946 zurück. Heiratet ihren dritten Mann, den Texaner Samuel Woods. 100 Bedienstete sollen sie gehabt haben im Schloss, das politischer Salon wird.

Wenige Jahre nach dem Krieg, so erzählt man, lädt Kronprinz Rupprecht von Bayern Minnie und Sam zum Tee auf die Roseninsel ein. Mit der eigenen Yacht fahren sie hin. Der Ausflug soll den Farmersohn beeindruckt haben. Er beschließt, am Rand ihrer Bernrieder Ländereien eine breite Rinne ausheben zu lassen – um eine zweite Insel zu bauen. Das geht den Bernriedern nun doch zu weit. Weil aber die Bagger nun einmal schon da sind, lässt Sam die fünf Weiher schaufeln. Man nennt sie die Mississippi-Weiher.

Adresse Am Hirschgarten 1, 82347 Bernried | **Anfahrt** von der B 2 Starnberg/Weilheim bei Traubing nach Tutzing und Richtung Bernried, nach der Klinik Höhenried auf der linken Seite, vom Fußweg zum Buchheim-Museum links ab | **Tipp** Zurück nach Tutzing und links die Straße zur Ilkahöhe hinauf (ausgeschildert): Der Blick über den See ist bei Sonnenaufgang besonders schön.

79 Der Glockensteg

Startplatz zum Refugium der Königskinder

Viele Legenden erzählt man von konspirativ anmutenden Treffen der Kaiserin Sisi mit ihrem Vetter König Ludwig II. auf dem Inselchen Wörth. Wenn der Kini im Schloss Berg weilte, am Ostufer des Sees, die Cousine sich im Westen in Garatshausen oder Possenhofen aus den Zwängen der Wiener Hofetikette befreite, soll er einen Boten nach ihr ausgeschickt haben. Fischer Jakob Lidl habe dann eine Nachricht mit Terminvorschlag überbracht. Auch hört man, dass der König sie rief, indem er Glocken wie nach einem Geheimcode läuten ließ. Jedenfalls trafen sich der einsame Herrscher und die seelenverwandte Elisabeth mehrfach auf der Insel. »Adler« und »Möwe« sollen sie sich genannt, Gedichte und Gedanken ausgetauscht haben. Die Kaiserin schrieb: »Von der kleinen Roseninsel kamen tausend süße Düfte, des Jasmines Wohlgerüche würzten hold die Abendlüfte.«

Frei von allen Pflichten und Zwängen sollen »Adler« und »Möwe« sich gefühlt haben auf dem Eiland. Der Dichter Lorenz Westenrieder hatte schon vorher darüber sinniert: »Groß genug wäre die Insel, um darin Kummer zu begraben, auch groß genug, zwei Herzen aufzunehmen. Die jetzt in der süßesten und glücklichsten Schwärmerei ihrer Seelen nichts bedürfen als sich selbst und nichts wünschen als Gebüsche, ihr Glück vor den Augen des Neids zu verbergen.«

Ludwig ist damals Privateigentümer der Insel mit pompejisch-bayerischer Villa und 15.000 Rosen, die der Wörth ihren neuen Namen gaben. Eine märchenhafte Soiree für die von ihm verehrte Zarin Maria Alexandrowna ließ er hier 1868 auch inszenieren. Ein Farbenspektakel. Schloss Starnberg leuchtete, von einem Flammengürtel umgeben. Schloss Berg strahlte in bengalischer Schönheit. Erstmals flammte elektrisches Licht auf der Roseninsel auf. Vom Feldafinger Ufer ist sie nur 165 Meter entfernt. Am Steg hängt eine Glocke. Läutet man sie, kommt der Fährmann und setzt über. Das war auch Sisis Weg.

Adresse Ende der Königinstraße, 82340 Feldafing | **Anfahrt** von der A 952 durch Starnberg Richtung Feldafing, nach Possenhofen links in die Königinstraße, Parkplatz, zu Fuß in den Seeuferweg | **Öffnungszeiten** Fährzeiten Mai und 16. Sept.–15. Okt. Di–So 11–18 Uhr, Juni–15. Sept. Di–So 10–18 Uhr, Mo 12–18 Uhr (bei gutem Wetter) | **Tipp** Joseph Lenné, Landschaftsarchitekt von Sanssouci, hat den Gartenplan für die Insel gemacht. Er hat auch den großzügigen Park am Ufer entworfen.

80__Hans Albers' Bootshaus

»La Paloma« schallte über den See

Es ist eine schöne Geschichte, die man sich erzählt, und etwas Wahres wird schon dran sein. Sein Bootshaus, das einzige mit Reet gedeckte am Starnberger See, soll der Lieblingsort von Hans Albers (1891–1960) gewesen sein, der seine zweite Lebenshälfte im Fünfseenland verbrachte. Im Reet habe er Wein und Buddeln Schnaps gebunkert, um sie den Blicken seiner Lebenspartnerin Hansi Burg zu entziehen. Und dann die Tassen hoch! Begleitet von Tonbandaufnahmen Hamburger Hafengeräusche soll »der blonde Hans« mit Freunden gefeiert und mit dem Grammophon den See beschallt haben. Mit seinem »La Paloma« aus dem Film »Große Freiheit Nr. 7«. Fuhr ein Ausflugsdampfer vorbei und der Kapitän informierte: »Hier wohnt der berühmte Schauspieler Hans Albers«, so sei dieser nackt in den See gesprungen. Zur Belustigung der Damen.

Die Villa oberhalb, die zum Bootshaus gehört, verfällt. Früher haben die Fürsten von Thurn und Taxis hier das Personal untergebracht, das sie für ihr angrenzendes Schloss Garatshausen brauchten. 1933 erwirbt Hans Albers das Anwesen, züchtet auf dem 27.000 Quadratmeter großen Grundstück Rosen. Nach seinem Tod verkauft Hansi Burg es an den Freistaat Bayern, legt aber vertraglich fest, dass das Areal den Bürgern zur Erholung zugänglich gemacht werden muss. Aber das ist all die Jahre nicht passiert. Gemeinde und Freistaat waren lange uneins über die weitere Nutzung der Immobilie. Der Freistaat wollte sie für zehn Millionen Euro verkaufen. Die Bürger pochten auf freien Zugang zum Gelände, wie zugesagt. Jetzt soll das Anwesen verpachtet werden. Die Gemeinde favorisiert ein kleines Hotel mit noblem Restaurant. Denkbar, dass man einen öffentlichen Uferweg abtrennen wird.

Das Bootshaus hat immer Interessenten gefunden. Nachbarn erzählen, dass nachts Boote festmachen und unterm Reet gefeiert wird. Bootshausbesetzer setzten früh Hansi Burgs letzten Willen um.

Adresse Hans-Albers-Weg 6, 82340 Feldafing | **Anfahrt** von der B 2 Starnberg/Weilheim bei Traubing links in die Garatshauser Straße Richtung Tutzing, rechts in die Weylerstraße, an deren Ende links in die Hans-Albers-Straße bis zum Parkplatz, links zu Fuß in den Hans-Albers-Weg | **Tipp** Familiär, gemütlich, eher ein Treffpunkt der Einheimischen: das Strandbad am Ende der Hans-Albers-Straße.

81 Der Kalvarienberg

Kreuzweg für die Wirtshaus-Pilger

Auch wer nicht fromm ist, wird hier andächtig. Hat man die Pforte durchschritten, befällt einen das Gefühl, eine Outdoor-Kirche zu erkunden. Menschen sind nicht anzutreffen. Sanft steigt man einen Waldhügel empor. Vorbei an 14 gusseisernen Kreuzwegstationen in Form einer gotischen Monstranz. Die kolorierten Kalksteinreliefs hinter Glas zeigen die Leidensstationen Christi von der Verurteilung durch Pontius Pilatus bis zur Grablegung. Davor sind Bänke aufgebaut, auf denen man knien und meditieren kann.

Der Feldafinger Kalvarienberg gehört zu den eindrucksvollsten Gedenkstätten im Fünfseenland. Kalvarienberg ist eine Übersetzung des Bergnamens Golgotha, der Begriff meint heute lebensgroße Nachbildungen der Kreuzigungsszene. Der Feldafinger Pfarrer Eduard Maria Clos ärgerte sich in den 1860er Jahren darüber, dass seine Gemeindemitglieder zu anderen Gedenkstätten pilgerten. Auf dem Rückweg blieben sie dann in Wirtshäusern hängen, das wollten Hochwürden mit einem eigenen Kalvarienberg verhindern. Herzog Max in Bayern, Vater der Kaiserin Sisi von Österreich, stellte das Gelände zur Verfügung. Fast 30 Jahre hat man an dem sakralen Ort gearbeitet, bis er 1892 eingeweiht wurde.

Außergewöhnlich ist die Kreuzigungsgruppe mit dem Gabelkreuz für die Christusfigur, ein Zinkguss. Der Platz der inneren Einkehr geriet aber über die Jahrzehnte in Vergessenheit. Ende des vergangenen Jahrhunderts ließ der Freistaat den Kalvarienberg aus Sicherheitsgründen sperren. Wären nicht die Feldafinger Bürger gewesen, wäre er wohl tatsächlich endgültig verkommen. Sie trugen viele Spenden zusammen, um die Wiederherstellung der denkmalgeschützten Kreuzwegstationen zu realisieren.

Der Ort der Besinnung strahlte bald in neuem Glanz. Allein: Der Förderverein hat sich jedoch aus Nachwuchsgründen aufgelöst. Um die Pflege des Ortes der stillen Besinnung wollen sich wenige aber weiter kümmern.

Adresse Kalvarienbergstraße, 82340 Feldafing | **Anfahrt** vom Ende der A 952 nach Starnberg und Richtung Tutzing, am Ende der Possenhofener Straße (Hotel Kaiserin Elisabeth) rechts bis zur Johann-Biersack-Straße und Wielinger Straße, rechts in die Kalvarienbergstraße | **Öffnungszeiten** ganzjährig | **Tipp** Welcher Golfclub hat schon seine eigene Kapelle am Green? Der von Feldafing (Tutzinger Straße 15).

82__Das Schloss der Fürstin

Ist sie da, weht ihre Fahne überm Dach

An der zwischen Pfosten gespannten Kette ist Schluss. Näher kommt man nicht heran. Wenigstens gewährt das Gitter des Tores einen engen Blick in den Schlosshof und aufs Wasser. Man erahnt, welch unverstellte Aussicht sich über den ganzen See bieten muss, wäre man jenseits der Mauer. Diese umschließt, übermannshoch und mit roten Ziegeln gedeckt, Hof und Garten. Ockergelb ist sie gestrichen wie das Schloss.

Der kubische Bau mit den vier Ecktürmen wurde in der ersten Hälfte des 16. Jahrhunderts errichtet. Meist steht er leer, und die grün-weißen Fensterläden sind geschlossen. Das Anwesen im Feldafinger Ortsteil Garatshausen ist Sommerresidenz der Regensburger Fürstin Gloria von Thurn und Taxis. Ist sie mal da, steht der Ferrari im Hof, und die Fürstenfahne weht überm Dach. Manchmal öffnet sie den Park, man muss Eintritt zahlen, kann dann über einen Garten- oder Weihnachtsmarkt schlendern. Am besten ist das Schloss vom Wasser aus zu sehen.

Schon Sisi hat hier unbeschwerte Zeiten verbracht. Wo sollte die Kaiserin von Österreich hin, wenn sie dem Wiener Hofprotokoll und der Schwiegermutter Sophie entkommen wollte und mit viel Gefolge und Kutschen anreiste? Dass sie bei den Eltern im Schloss Possenhofen wohnte, verbat die Etikette. Glücklicherweise hatte Herzog Max in Bayern, ihr Vater, früh auch Schloss Garatshausen gekauft und später dem Sohn Ludwig überlassen. Bei ihm quartierte sich Sisi mit ihrer Tochter ein. Danach gehörte das Palais Sisis ältester Schwester Helene. Sie ließ die Kapelle außerhalb der Schlossmauer bauen, die heute das alte Schloss mit dem neuen Schloss, einem späteren Anbau, verbindet. Durch Hochzeiten und Erbschaften ging der Besitz in das Eigentum der Fürsten von Thurn und Taxis über. Das neue Schloss gehört inzwischen dem Landkreis Starnberg. In ihm und weiteren Ergänzungsbauten ist die Schlossparkresidenz Garatshausen untergebracht, ein Seniorenheim.

Adresse Franz-Eisele-Allee, am Ende des Altenheim-Parks, 82340 Feldafing | **Anfahrt** von der B2 (Starnberg/Weilheim) bei Traubing links in die Garatshauser Straße (Richtung Tutzing), rechts in die Weylerstraße, links in die Franz-Eisele-Allee | **Tipp** Der Park des Altenheims ist auch Künstlergarten mit vielen Skulpturen. Ruhebänke stehen unter uralten Bäumen.

83_ Thomas Manns Villino

Hier schrieb er ein Kapitel für den »Zauberberg«

Eine Schellackplatte liegt auf dem Teller des Grammophons. Aida von Verdi. »Sterbeszene, II. Teil, 4. Akt«. Enrico Caruso singt. Das Grammophon ist auf dem Schreibtisch Thomas Manns platziert. Gegenüber eine Bronzebüste der Lieblingstochter Elisabeth. An der Wand die drei nackten Jünglinge, Öl auf Leinwand, die 20 Jahre in Manns Arbeitszimmer hingen. Der Schreibtisch, die Büste, das Gemälde sind Repliken aus dem Fundus des Heinrich-Breloer-Films »Die Manns« mit Armin Mueller-Stahl. Und es ist, als schalle Caruso durch die Räume. Als lebe immer noch ein wenig Thomas Mann in den Mauern dieses kleinen grauen Hauses.

Nur wenige kennen das Villino des Schriftstellers. Man findet es am Ende der Siemensstraße auf einem früheren Kasernengelände. Villino steht im Italienischen für »kleiner Palast«, Thomas Mann hat das Haus liebevoll so genannt. Es war sein Refugium von 1919 bis 1923. Hier konnte er dem Trubel der Münchner Familienresidenz entkommen. Hier machte er lange Spaziergänge hinunter zum See, genoss »die höchst zuträgliche Bewegung des Gehens, die mir unentbehrlich und übrigens auch meinem Geist und meiner Produktion am dienlichsten ist«. Im Villino schrieb er Teile des Romans »Der Zauberberg«.

1919 erkauft sich Mann im Sommerhaus seines Freundes Georg Martin Richter, Kunsthändler und Verleger, ein Wohnrecht. Und Richter schafft ein Grammophon an. Wagner, Beethoven, Verdi – ständig läuft der »Zauberkasten«. Inspiriert Mann zu den bedeutenden Zeilen »Fülle des Wohllauts« im siebten »Zauberberg«-Kapitel. In seinem Tagebuch notiert er: »Richter ließ unten Caruso und Journet singen, als seien die Stars zu Besuch.« Dem entspricht die Textstelle: »Menschliche Stimmen entströmten dem Schrein … und wenn man den Apparat nicht sah, so war es nicht anders, als stände dort im Salon der Künstler in körperlicher Person, das Notenblatt in der Hand, und sänge.«

Adresse Ende der Siemensstraße, 82340 Feldafing, Tel. 089/134142 (Dirk Heißerer, er hat die Geschichte des Villinos entdeckt) | **Anfahrt** von der A952 durch Starnberg nach Feldafing, von der Tutzinger Straße rechts in die Thurn-und-Taxis-Straße, links in die Siemensstraße | **Öffnungszeiten** einmal im Monat So 14–16 Uhr, Termine unter www.lit-spaz.de | **Tipp** Folgt man der Thurn-und-Taxis-Straße nach Norden, kommt man über die Parkstraße in die Bahnhofstraße. Der alte Bahnhof von 1865 ist im Stil einer italienischen Villa gebaut.

84_Die Villa Waldberta

Künstlerhaus mit wechselvoller Geschichte

Bundeskanzler Willy Brandt hat im Salon Frankreichs Präsidenten Georges Pompidou empfangen. Den britischen Premier Edward Heath. Henry Kissinger, damals Sicherheitsberater des US-Präsidenten Richard Nixon. Das war 1972. Der Kanzler und SPD-Vorsitzende logierte während der Olympischen Spiele in München in der Villa über dem Starnberger See. Seit 1968 schon wohnte Willi Daume mit seiner Familie dort, der als Präsident des Nationalen Olympischen Komitees das Sportfest der Weltjugend vorbereiten sollte.

Der Kuckucksuhr-Bau auf dem Höhenzug über Feldafing, an dem seine Erbauer keinen Drechselbalkon, kein Spitztürmchen und keine Bogenbalustrade ausgelassen haben, hat einmal »Felsenheim« geheißen. 1903 kauft der niederländische Verleger Albertus Sijthoff das Chalet, bezieht es mit seiner Frau Waldina und gibt ihm den Namen »Villa Waldbert«, aus beider Vornamen konstruiert. Ein Kunsthändler aus Dresden ist nächster Besitzer. Von ihm erwerben der New Yorker Arzt Franz Koempel und seine Frau Bertha das Anwesen, das jetzt »Waldberta« genannt wird. Das Paar verbringt 14 Jahre lang die Sommermonate in Feldafing. Nach Kriegsbeginn 1939 meiden die Koempels aber Deutschland. Die Nazis beschlagnahmen die Villa, die bis zum Kriegsende Militärlazarett ist. Danach sind »Displaced Persons«, kriegsbedingt Heimatlose, dort untergebracht. Bertha Koempel erhält ihr Haus zurück, vermacht es 1965 der Stadt München. Zweck ihrer Stiftung ist »die Förderung von Kunst und Kultur unter Aufrechterhaltung des Charakters des Grundbesitzes als Denkmal«.

Seit 1982 ist die Villa Künstlerhaus. Maler, Bildhauer, Musiker, Filmemacher, Dichter, Designer aus aller Welt sollen sich dort mit interdisziplinärer Kreativität befruchten. Fünf Appartements stehen den Stipendiaten ein Vierteljahr kostenlos zur Verfügung. Auch Imre Kertész, ungarischer Literaturnobelpreisträger, hat hier gewohnt.

Adresse Höhenbergstraße 25, 82340 Feldafing, Tel. 08157/9258280 | **Anfahrt** vom Ende der A 952 durch Starnberg nach Feldafing, nach dem Hotel Kaiserin Elisabeth rechts in die Maffeistraße, bergauf in die Thurn-und-Taxis-Straße, links in die Höhenbergstraße | **Öffnungszeiten** nur von außen zu besichtigen, am besten von der Thurn-und-Taxis-Straße aus | **Tipp** Villa Bernheimer (Nr. 9), Villa Bergmann (Nr. 15), Villa Engelhorn (Nr. 20) – in der Höhenbergstraße sind einige architektonische Schätze zu entdecken.

85__Das Weißhirsch-Gehege

Ungarisches Damwild mit Porzellanteint

Als Wilhelmina Busch 1911 zum ersten Mal an den Starnberger See kommt, ist sie fasziniert von der Landschaft. Sie entscheidet: Hier will sie bleiben. Geld genug hat sie, sie ist Miterbin der US-Brauerei-Kette Anheuser-Busch (heute unter anderen: Budweiser, Corona, Stella Artois, Beck's, Löwenbräu, Spaten). Wilhelmina Busch und ihr deutscher Ehemann Eduard Scharrer kaufen zunächst eine feudale Villa in Bernried. »Pfauenvilla« wird sie schnell genannt, weil sich auf der geschwungenen Freitreppe und im großen Garten 100 weiße Pfauen getummelt haben sollen. Dann erwirbt das Paar zwei landwirtschaftliche Güter und den Bernrieder Park südlich der Ortschaft. Später kommen Wiesen und Wälder weiter nördlich dazu, die bis hinunter zum Ufer reichen. Ein Gelände so groß wie 84 Fußballfelder. Höhenried genannt.

Wilhelmina Busch (siehe Seite 164) ist Tierliebhaberin. Sie will etwas Besonderes. Sie lässt ein Tiergehege errichten, importiert aus ungarischer Zucht fünf weiße Hirsche. Keine Albinos, sie haben keine rötlichen Augen. Die Augen dieser Tiere schimmern in hellem Gold. Die seltene Rasse wird »Europäisches Damwild, porzellanfarbiger Schlag« genannt. Das Fell der Hirsche ist cremefarben, fast weiß, nur die Kitze haben eine hellbraune Decke. Drei Dutzend der Tiere äsen heute noch im Park. Der Bestand geht komplett auf die ursprünglich hier angesiedelten Hirsche zurück. Zunächst hatte die Herde ihr Gehege auf dem Areal des heutigen Buchheim-Museums. Mit dessen Bau wurde sie in die Nähe der Klinik Höhenried umquartiert, ein Reha-Zentrum der Rentenversicherung für Patienten der Kardiologie, der Orthopädie und der Psychosomatik.

Nach dem Zweiten Weltkrieg heiratet Wilhelmina Busch den US-Generalkonsul Samuel Woods. Den Bernrieder Park stiftet sie später. Mit der Auflage, dass er nie wieder verändert werden darf. Der Höhenrieder Park ist ebenfalls frei zugänglich.

Adresse Park der Reha-Klinik Höhenried, 82347 Bernried-Höhenried | **Anfahrt** von der B 2 Starnberg/Weilheim bei Traubing nach Tutzing und Richtung Bernried, nach der Klinik Höhenried auf der linken Seite Parkplatz des Buchheim-Museums, Fußweg durch den Park zum Wildgehege | **Öffnungszeiten** ganzjährig tagsüber | **Tipp** Wilhelmina Busch-Woods und ihr Mann sind am Wilhelminen-Platz im Park beigesetzt. Auf ihre Sarkophage hat man graviert: »Love never ends«.

86__Die Barock-Klinik

Tatort eines dreifachen Mordes

»Ah!« und »Oh!« staunten die Menschen an Deck, wenn die Dampfer an diesem schlossähnlichen Gebäude vorbeistampften, als das Grundstück noch nicht so eingewachsen war. Mittelpunkt der neubarocken Villa ist eine überkuppelte Rotunde, üppig mit Stuckgirlanden und Putten verziert. Zwei viertelkreisförmige Seitenflügel schließen sich an, früher waren darin das ovale Speisezimmer und ein ebenfalls ovales, geräumiges Toilettenzimmer untergebracht. Von diesem Ensemble führt eine Freitreppe in den Park. Augusta de Osa, Witwe des kolumbianischen Botschafters in Paris, hat das Anwesen bauen lassen nach dem Vorbild des fürstlichen Lustschlosses Solitude bei Stuttgart. 1944 starb die Hausherrin in ihrem Palast.

Was hat dieser seither nicht alles erlebt! Die Wehrmacht beschlagnahmt das Gebäude, verpasst ihm einen grünen Tarnanstrich und nutzt es als Kommandozentrale. Nach dem Krieg ist es für ein Jahr US-Quartier, danach Flüchtlingsunterkunft. Erst 1950 bekommt Sohn Friedrich de Osa, Offizier und Rennreiter, die Villa zurück, zieht mit Frau Marietta und Tochter Julia ein. Sie haben nur ein Jahr etwas vom Traum am See. Ihr Gärtner erschlägt die ganze Familie mit einem Beil, erhängt sich im Wald. Die Erben verkaufen an einen Arzt, erstmals wird das Anwesen als Krankenhaus genutzt. Heute gehört die Anlage mit vielen Neubauten der Schön-Klinikgruppe. Die gesamte Diagnostik und die Intensivstation sind in dem 3.500 Quadratmeter großen Untergeschoss untergebracht. Das Schön-Café ist öffentlich zugänglich.

Bis Anfang dieses Jahrtausends war der aus Sofia stammende Valentin Argirov hier der Chef, der als Asylbewerber nach Deutschland gekommen war. Er war Leibarzt des bayerischen Ministerpräsidenten Franz Josef Strauß, begleitete diesen bei Auslandsreisen, zum Wiener Opernball und aufs Oktoberfest. Der Freistaat hat die Argirov-Klinik mit vielen Steuermillionen bezuschusst.

Adresse Münchner Straße 23–29, 82335 Berg-Kempfenhausen, Tel. 08151/170 | **Anfahrt** von der A 952 (Ausfahrt Percha) Richtung Berg, nach 1,5 Kilometern auf der rechten Seite | **Öffnungszeiten** Mo–Fr 8–15.30 Uhr, Sa–So 13–16.30 Uhr (Café) | **Tipp** Gegenüber geht es den Milchberg hinauf zum Schloss Kempfenhausen, das die Stadt München für Veranstaltungen nutzt. 1988 wurde im ehemaligen Schlosspark die Marianne-Strauß-Klinik als Multiple-Sklerose-Zentrum eröffnet.

87__Die Schlossgaststätte

Nicht nur die Bayern-Kicker sind Könige hier

Königlich-bayerisch darf man diesen Ort der Einkehr wohl nennen. Gegenüber das Schloss Leutstetten der Wittelsbacher. Luitpold Prinz von Bayern wohnt hier. Majestätisch auch die Kastanien im Biergarten mit traditionell fest installierten Tischen und Bänken aus grobem Holz. Schattig und griabig ist er, was im Bayerischen fürs Gemütliche steht. Zum Ausschank kommt aus Holzfässern König-Ludwig-Bier der Kaltenberger Schlossbrauerei, das dunkle, das helle, das Weißbier. Und königlich ist im Restaurant und dem Stüberl auch manche Meisterfeier des FC Bayern München ausgefallen. Radler und Wanderer steuern die Schlossgaststätte gern an, Starnberger Schickeria fährt vor. Willkommen sind sie alle. Im Selbstbedienungsbereich darf man die eigene Brotzeit auspacken, das ist nicht mehr in vielen Biergärten gestattet. Legende sind die Spareribs. Auf der Speisekarte findet sich Ungewöhnliches wie Spanferkelsülze oder kälberne Fleischpflanzerl, viel Saisonales, Schwammerl, Hirsch, Fasan.

Die Ursprünge des markanten Schlosses mit den zwei schräg gestellten Ecktürmen werden auf die Mitte des 16. Jahrhunderts datiert. 1875 hat Ludwig Prinz von Bayern es erstanden, der später König Ludwig III. wurde. Er baute die zum Schloss gehörende Landwirtschaft zu einem Mustergut aus. Vor allem die Milchproduktion brachte er voran, »da Millibauer« wurde er auch genannt. Aus Ungarn holte er Stuten und gründete eine Pferdezucht. Die Nationalsozialisten vertrieben die Wittelsbacher, die SS-Reiterei zog ein. Gegen Ende des Krieges wurden hier deutsche Flüchtlinge aus den Kampfgebieten an der Saar untergebracht. Nach der Befreiung waren Schloss und Gehöft Unterkunft für im Osten heimatlos gewordene Menschen. Später gab man den Wittelsbachern ihr Eigentum zurück.

Die Schlossgaststätte war früher Gesindehaus. Das »Theater am Hof«, jetzt Veranstaltungsort, war Reithalle des Gestüts.

Adresse Altostraße 11, 82319 Starnberg-Leutstetten, Tel. 08151/8156 | **Anfahrt** auf der A 952 bis Starnberg, rechts in die Gautinger Straße, nach drei Kilometern rechts in die Altostraße | **Öffnungszeiten** Stüberl und Restaurant: täglich ab 10 Uhr, Okt.–April Mo/Di (variabel) Ruhetag; Biergarten: April–Okt. | **Tipp** Südlich von Leutstetten hat man die Reste eines römischen Gutshofs aus dem 2. Jahrhundert nach Christus ausgegraben. Die »Villa Rustica« mit Fußbodenheizung ist ausgeschildert.

88__Das Wildbad Petersbrunn

Kupferwannen für Reiche, Holzzuber für Arme

Nur eine Kapelle am Wegesrand? Wer von Starnberg den Leutstettener Biergarten ansteuert oder von Gauting aus den See, fährt achtlos vorbei. Dabei hat sich das Kirchlein Sankt Peter herausgeputzt mit rosaroter Ummalung und kräftigem Buchsbaum beidseits des Eingangs. Früher ist es »Kraftort« gewesen: Die Kapelle aus dem Jahr 1513 steht über einer Quelle, deren Wasser einst heilende Wirkung zugeschrieben wurde. Sie war Mittelpunkt des Wildbads Petersbrunn. Heute besteht der Weiler aus einem Dutzend Einfamilienhäusern. Aber auf einer 200 Jahre alten Lithografie, die im Starnberger Museum aushängt, kann man sehen, welches Leben hier herrschte. Rechts von Sankt Peter stand ein großzügiges Gasthaus, direkt gegenüber ein zweigeschossiges Badehaus im englischen Stil. Kutschen und flanierende Kurgäste beleben im Bild die damals noch nicht befestigten Wege. Im Hintergrund Schloss Leutstetten.

Vom Wasser der Quelle erhofften sich die Menschen schon viel früher Hilfe bei Hautkrankheiten, Gicht, Rheuma und Unterleibsbeschwerden. Eine erste Badeordnung stammt aus der Zeit, als das Kirchlein gebaut wurde. In einer großen Hütte standen die Badezuber, in zwei Kesseln daneben erwärmte man das Wasser. Abseits hatten Köche, Schankwirte und Krämer ihre Buden. 1632 zerstörten die Schweden Petersbrunn.

Erst als der königliche Medizinalrat Johann Graf Anfang des 19. Jahrhunderts Schwefel, Kohlensäure, Eisen und Salze im Quellwasser nachwies, entschloss man sich, das Wildbad wiederzubeleben. Im Erdgeschoss des Badehauses standen zwölf Kupferwannen für die Kurgäste mit Geld. Wer arm war, durfte im Nebenhaus in Holzwannen baden. Bis in die 1870er Jahre herrschte reger Kurbetrieb. Dann zweifelte man an der Heilkraft des Petersbrunnens. Das Wirtshaus musste der Straße weichen, Badehaus und Kurhotel wurden Kuhstall, später Autowerkstatt. Vor wenigen Jahren hat man sie abgerissen.

Adresse gegenüber Haus Petersbrunn 8, 82319 Starnberg-Petersbrunn | **Anfahrt** auf der A 952 bis Starnberg, rechts in die Gautinger Straße, nach vier Kilometern auf der linken Seite | **Tipp** Neben der Kapelle steht ein Mahnmal, das an den Todesmarsch der KZ-Häftlinge erinnert, die man in den letzten Kriegstagen von Dachau ins Gebirge trieb. Ein Zitat des Propheten Jesaja ist zu lesen: »Gott wird den Tod verschlingen auf ewig. Der Herr wird abwischen die Tränen von jedem Angesicht.«

89_Das Atelier beim Sepp

Geöffnet ist, wenn die Sonne scheint

Natürlich ist der Name erklärungsbedürftig. Das »Atelier beim Sepp« heißt nicht etwa so, weil der Kunstmaler Josef Wagner für seine Freunde bayerisch »der Sepp« ist. Das gelb-grün gestrichene Häuschen am Weg zum Dampfersteg von Possenhofen hat seinen Namen von Josef Gebhardt, dem alten Fischermeister, dem Gebhardt Sepp. Der wohnte gegenüber. Früher hat die alte Resi in der Hütte Steckerleis verkauft. Als sie starb, mietete Josef Wagner den Kiosk. »Was willst du da machen?«, fragte ihn der Gebhardt Sepp. »Bilder raushängen«, war die Antwort. »Das muss aber einen Namen haben«, verlangte der Fischer. Josef Wagner nahm Brett, Pinsel und Farbe. Seither heißt die Bude »Atelier beim Sepp«.

Schon in der Schule hat Josef Wagner seinen Erdkundelehrer beeindruckt. Damals gibt es nur einen Atlas für die Klasse. Aber der kleine Josef kann zeichnen. Der Lehrer kauft farbige Kreide, Josef überträgt Italien maßstabgenau auf die Tafel. So gut macht er das, dass er von nun an jede Geografiestunde illustrieren darf. Später studiert er an der Kunstschule Düsseldorf und der Münchner Kunstakademie. Früh warnen ihn seine Professoren: »Wir können dir beibringen, wie man malt. Aber nicht, wie man davon lebt.« Um studieren zu können, arbeitet Josef Wagner als Anstreicher. Finanziert mit dem Geld seine Studienreisen ins Ausland. Später hält er mit solchen Jobs auch die junge Familie über Wasser.

Josef Wagner malt Landschaften, Motive vom Starnberger See, Porträts. Geöffnet ist sein kleines Atelier bei gutem Wetter und: »Ich bin da, wenn ich da bin.« Dann hängt der Maler seine kleinen und großen Bilder vor die Tür, hockt sich mit seinem Strohhut unter einem Zwetschgenbaum vor die Staffelei. In der Hand die Palette, auf einem wackligen Tischchen Tuben mit Ölfarben, Pinsel, Malspachtel, Terpentin. Ist der Künstler mal nicht da, sitzt er vielleicht auf der Terrasse der Schiffsglocke ein paar Meter weiter den Seeweg entlang beim Bier.

Adresse am Dampfersteg, 82343 Pöcking-Possenhofen, Tel. 08157/996869 | Anfahrt von der B 2 über die Weilheimer Straße, rechts in die Feldafinger Straße, links in die Feichtetstraße und Karl-Theodor-Straße, rechts in den Seeweg, auf der linken Seite | Öffnungszeiten April–Okt. »wenn ich da bin« | Tipp Das Sisi-Schloss Possenhofen mit luxuriösen Eigentumswohnungen kann man nicht besichtigen. Ein Blick von außen lohnt trotzdem. Das Seeufer ist öffentlich zugänglich.

90__Sisis Bahnhof

Kaiserliche Dichtkunst an der Toilettentür

Nach »Possi«, in ihr geliebtes Schloss Possenhofen, muss Elisabeth, Kaiserin von Österreich und Königin Ungarns, immer wieder zurück. Am neuen Possenhofener Bahnhof kommt sie erstmals im Juli 1869 mit ihrem Salonwagen an. Die Bahnstrecke von München aus ist noch nicht lange fertig. Im Wartesalon für »allerhöchste Herrschaften«, die Wände mit feinster Seide bespannt und reich mit Stuck und Malerei verziert, kann Sisi sich ein wenig erholen vor der Weiterfahrt mit der Kutsche. Sich frisch machen im kleinen Klo-Kabinett. Gar königlich sind heute auch die öffentlichen Toiletten des Bahnhofsgebäudes. Mit Spiegeln in goldenen Rahmen, goldfarbenen Wasserhähnen und Klinken. Die Türen sind beschriftet: »O Schwalbe, leih mir deine Flügel / O nimm mich mit ins ferne Land / Wie selig sprengt' ich alle Zügel / Wie wonnig jedes fesselnd Band! / Und schwebt' ich frei mit dir dort oben / Am ewig blauen Firmament / Wie wollte ich begeistert loben / Den Gott, den man die Freiheit nennt.« Mit 15 Jahren hat Sisi das geschrieben. Die Verlobung mit Kaiser Franz Josef stand bevor.

Wartesaal und Nebenräume sind jetzt das Kaiserin-Elisabeth-Museum. Lange verfiel der Bahnhof, nachdem es mit den Königen in Bayern zu Ende gegangen war. Der Putz bröckelte von den Wänden, es tropfte durchs Dach, der Salon wurde gesperrt. Bis um die letzte Jahrtausendwende ein Sisi-Memorabilien-Sammler die Räume für seine Schätze entdeckte. Nun interessierte sich auch die Gemeinde, die das historische Gebäude mit Liebe zum Detail wieder herrichten ließ.

Im neuen alten Salon erzählen Stiche, Fotos, Zeitungsartikel von Sisis Jugend in Possenhofen, dem Leben und dem Mord an der Kaiserin. In Vitrinen stehen Exponate, teils aus ihrem eigenen Besitz. Kaffeetassen, Schmuck, Handtaschen, Fächer. Ehrenamtliche eines Fördervereins kümmern sich rührend. Auf Auktionen versucht man, die Sammlung ständig zu ergänzen.

Adresse Schlossberg 2, 82343 Pöcking-Possenhofen, 08157/925932 | Anfahrt von der B 2 (Ausfahrt Pöcking Nord) nach Pöcking, an der Ampel links in die Hindenburgstraße, nach der Bahnbrücke auf der rechten Seite | Öffnungszeiten Mai–Mitte Okt. Fr–So 12–18 Uhr, für Gruppen ganzjährig nach Vereinbarung | Tipp Ein Elisabethweg, ausgeschildert, verläuft über elf Stationen auf Sisis Spuren. Man braucht drei Stunden.

91__Die Werft des Weltmeisters

Beim Segelchampion und Bootsbauer Markus Glas

Schraubstöcke. Überall Schraubstöcke. Hunderte müssen es sein. Dazwischen Kanister mit Leim. Schicht für Schicht werden die dünnen Hölzer verklebt und mit den Schraubstöcken fixiert, um zunächst die Querspanten des Rumpfes aufzubauen. Alles ist Handarbeit. Präzisionsarbeit.

In der Werkstatt riecht es nach Bootslack und Hobelspänen. Auf der Werft arbeitet mit den Söhnen Maximilian und Dominik schon die vierte Bootsbauer-Generation. Vater Markus Glas ist hier der Chef. Dessen Großvater hatte mit dem Bau von Fischerkähnen angefangen. Heute fertigt man schnittige Renn- und Freizeityachten vom Typ 45er nationale Kreuzer, L 95 oder Lake 35. Fünf Boote verlassen jedes Jahr die Werft, in jedem stecken bis zu 2.500 Arbeitsstunden. Mindestens ein klassischer Drachen mit elegantem Riss ist darunter. Mehr als 200 Drachen aus der Werft Markus Glas segeln auf Europas Binnengewässern. Die Drachenflotte auf dem Starnberger See ist die größte der Welt. Glas-Boote sind auch gebraucht nicht unter einem hohen fünfstelligen Preis zu haben.

Es hat sich für das Geschäft ausgezahlt, dass Markus Glas Drachenchampion ist. Sogar Weltmeister war er in dieser Bootsklasse, fünfmal Europameister, zwölfmal deutscher Meister. Die Werft mit eigenem Hafen ist außerdem Rundum-Service-Betrieb für Segler. 200 Boote müssen im Frühjahr ins Wasser geslippt und im Herbst ins Winterlager verfrachtet werden. Auch in der Regattasaison dazwischen ist Hochbetrieb. »Die Skipper fahren ihre Schiffe zusammen«, sagt Markus Glas. »Wir dürfen sie dann wieder richten.« Wann immer er kann, ist der Champ selbst auf dem See. Heute seltener mit einem Drachen, er nimmt gern ein L-95-Boot, eine Weiterentwicklung. »Da bist du sportlicher unterwegs.« Manche der Kunden haben ganz andere Ansprüche. Für sie stehen »wasserfeste Lautsprecher, ein Verstärker und ein iPod-Anschluss für genialen Sound« an Bord bereit.

Adresse Seeweg 3, 82343 Pöcking-Possenhofen, Tel. 08157/93950 | Anfahrt von der B 2 über die Weilheimer Straße, rechts in die Feldafinger Straße, links in die Feichtetstraße und Karl-Theodor-Straße bis zum Schloss, rechts in den Seeweg | Öffnungszeiten auf Anfrage | Tipp Der Seeweg geht südlich in den Seeuferweg über. Vorbei am Forsthaus am See gelangt man zum Nostalgie-Strandbad Feldafing.

92__Das Kleine Seehaus

Oase des Chillens und Genießer-Treffpunkt

Ist das Key West? Man hängt im Liegestuhl auf einer Landzunge in der ersten Reihe am See. Spielt mit nackten Zehen im fast weißen Sand. Oder löffelt am Biertisch dahinter unterm weißen Sonnenschirm eine Bouillabaisse, feiert einen Kaiserschmarrn. Wellen rauschen. Sanft dringt von der Bretterbude im Hintergrund, mit 1960er-Jahre-Schilfmatten verkleidet, entspannende Musik ans Ohr. Die Beach-Bar ist Servicestation für diese Oase des Chillens. Cooler geht nicht. Den ganzen Tag kann man vertrödeln an diesem Fleck. Zum Abschied mit einem Drink der Sonne zusehen bei ihrem Abstieg über dem Westufer des Starnberger Sees. Oder man hat noch einen Tisch bestellt im Kleinen Seehaus. Sonnenuntergang ist auch dort garantiert.

Robinson-Insel hat man diese kleine Landspitze einmal genannt. Da gab's hier nur einen größeren Strandkiosk, der einen ADAC-Campingplatz versorgte. Aber was haben Veronika Tauber und Markus Sulzmann daraus gemacht!

Man muss aufpassen, dass man das Kleine Seehaus nicht verpasst. So exponiert seine Lage ist, so schwer ist es zu finden. »Wir sind versteckt, und das wollen wir auch so«, sagt Veronika Tauber, Massentreff will man nicht werden. Restaurant und Beach-Bar liegen hinter einem kleinen Wäldchen. Am Schild an der Straße von Sankt Heinrich nach Münsing fährt man aber schnell vorbei. Hat man es entdeckt, geht's vom Parkplatz aus über eine Brücke zum Seehaus mit langem, eigenem Steg. Das Strandhaus ist eigentlich nicht viel größer geworden. Sechs Tische für 35 Personen, mehr geht nicht. Wohlfühl-Wohnzimmer-Atmosphäre. Aber auch unter beheizbaren Zelten werden Gäste bewirtet. Dazu kommt die Terrasse, komfortabel und schick. Markus Sulzmann ist der Küchenmeister im Kleinen Seehaus. Seine übersichtliche Speisekarte ist heimisch und mediterran. Renke oder Avocado-Mousse mit gebratenen Scampi in süß-scharfer Sauce – Sterne-Qualität.

Adresse Buchscharnstraße 11, 82541 Münsing-Sankt Heinrich, Tel. 08801/550 | **Anfahrt** von der A 95 (Ausfahrt Seeshaupt) nach Sankt Heinrich, bei der Fischerrosl rechts, nach 400 Metern links | **Öffnungszeiten** Di–Sa ab 17 Uhr, So 12–14.30 und ab 17 Uhr, Beach-Bar Sa, So ab 10.30 Uhr (bei gutem Wetter) | **Tipp** Wie die Kulisse für einen Luis-Trenker-Film: der Buchscharner Seewirt etwas nördlich, ein 200 Jahre alter Hof, in Tirol ab- und hier wiederaufgebaut (Buchscharn 1, Tel. 08801/2409).

93 Der Kini-Findling

Steinkoloss im Garten einer Seniorenresidenz

Es war der Tag vor dem Tod Seiner Majestät, der 12. Juni 1886. »Dieser lebendige Leichenzug wird mir unvergesslich bleiben«, wird Wachtmeister Boppeler in den Chroniken zitiert. Sie hatten König Ludwig II. für unzurechnungsfähig erklärt. Und der Polizist hatte gesehen, wie der Kini in den frühen Morgenstunden in seiner Kutsche nach Schloss Berg gebracht wurde. Eingesperrt hatten sie ihn, die Türklinken waren abmontiert. Schreiende Menschen standen am Wegesrand auf der Strecke von Neuschwanstein über Weilheim, Ambach und Münsing. Berg sollte künftig Verwahranstalt sein für den König.

Nach sechsstündiger Fahrt hielt der Kutschenkonvoi auch vor dem Hotel Post in Seeshaupt. Der dritte Pferdewechsel. Hier hatte Ludwig II. regelmäßig auf der Durchreise Quartier genommen. Ihre Hoheit winkte die Posthalterin Anna Vogl heran, bat um ein Glas Wasser. Weinend brachte die Wirtin das Glas. »Danke, danke, danke!«, soll der König gesagt haben. Das Glas, aus dem der hohe Gast trank, hat Anna Vogl bis zu ihrem Tod aufbewahrt. Geblieben ist das Lied »König Ludwigs letztes Glas«: »Es kommt so mancher Gast zu mir / Zur Post oft nach Seeshaupt / Und macht sich ein Vergnügen hier / Wie's Brauch ist überhaupt / Doch einmal fuhr ein Wagen vor / Vergeß' mein Leben nicht / Ein traurig Antlitz schaut hervor / Voll Wehmut zu mir spricht / Bringt ein Glas mir heraus / Das letzte wohl, mein König trank's / Hier aus.«

Am nächsten Abend ist der Kini tot. Die Seeshaupter wollen ihm ein Denkmal setzen. Zwölf Ochsen schleppen einen 900 Zentner schweren Findling aus einem Steinbruch zum Hotel Post. Aus dem Denkmal ist nie etwas geworden, aber der Steinkoloss ist immer noch da. Man muss ihn suchen. Versteckt liegt er hinter einer Hecke im Park der heutigen Seniorenresidenz Post. Wer an der Rezeption nachfragt, wird gern zu einem historischen Foto vom Findling-Transport geschickt.

Adresse Alter Postplatz 1, 82402 Seeshaupt, Tel. 08801/9140 (Seniorenresidenz) | **Anfahrt** von der A 95 (Ausfahrt Seeshaupt) nach Seeshaupt, in der Linkskurve auf der linken Seite, Parkplatz hinter der Residenz | **Tipp** In der Bahnhofstraße (Höhe Haus Nr. 33) steht ein Mahnmal des Künstlers Jörg Kircherer für 2.000 KZ-Häftlinge. Ihre Leichen wurden am 30. April 1945 von US-Soldaten am Seeshaupter Bahnhof in Güterwaggons gefunden.

94_Die Seegerichtssäule

Tagungsort der Fischer?

Oft bekommt man sie nicht mehr zu sehen. In Zeiten mit schwerem Wetter ist sie weggepackt unter Brettern. Fast wie in einem Sarg. Die Säule ist aus Tuff, das ist ein weiches Gestein. Man versucht, sie zu konservieren. Sie ist bald ein halbes Jahrtausend alt. Auf jeder der vier Seiten wurden Reliefs eingemeißelt. Ein schräg stehender Fisch ist zu sehen. Ein solcher gehörte einmal zum persönlichen Wappen des Propstes Johannes Tutzinger, der von 1520 bis 1535 im Kloster Bernried gewirkt hat. Der Fisch ist auch Wappentier der Gemeinde Seeshaupt. Um die Ecke kann man ein S und ein G ausmachen. Ein drittes Emblem ist zu verwittert, es ist nichts zu erahnen. Ein viertes zeigt bei viel Vorstellungsvermögen eine Eins, eine Fünf und zweimal die Zwei. 1522 soll das Jahr sein, in dem man die Säule aufgestellt hat.

Oberhalb der Reliefs sind Vertiefungen mit geschwungener Spitze in den Stein gearbeitet. Vielleicht hat Keramik oder Holz diese einmal ausgefüllt. Die Säule hat nicht immer am Dampfersteg des südlichsten Ortes am Starnberger See gestanden. Früher war ihr Platz an der Friedhofsmauer der Kirche. Man hat sie umgesetzt, als dort gebaut wurde.

In den Archiven finden sich keine Belege, welche Funktion die Säule hatte. Einige sagen, dass die Buchstabenkombination S-G für »Seegericht« steht. An dieser zwei Meter hohen Stele hätten die Fischer des Sees, für den einmal 99 Fischereirechte vergeben waren, regelmäßig Gericht gehalten. Mancher Streit in der Zunft habe so entschieden werden können. Es gibt andere Deutungen: Das S und das G sollen demnach die »Seegrenze« markiert haben. Diese habe die beiden Gerichtsbarkeiten der Landkreise Weilheim und Starnberg voneinander getrennt.

Auf der Wiese nebenan chillen die jungen Leute aus Seeshaupt. Erobern die Baumstämme, die den Steg tragen, hopsen ins Wasser. Dampferpassagiere gehen achtlos an der Säule vorbei.

Adresse Dampfersteg an der Seepromenade, 82402 Seeshaupt | **Anfahrt** von der A 95 (Ausfahrt Seeshaupt) nach Seeshaupt, von der Hauptstraße leicht rechts in die Seepromenade, gegenüber der Seniorenresidenz Post | **Tipp** In Sichtweite: Die Kirche Sankt Michael war im Mittelalter religiöser Mittelpunkt der Fischer. Die Mauern der Annakapelle stammen aus dem 12. Jahrhundert.

95 Der Delphin

Galionsfigur des Wittelsbacher-Lustschiffs

Die Wittelsbacher des Barock wussten noch, wie man wirklich dekadent feiert. Die Seefeste auf dem schwimmenden Schloss »Bucentaur« waren bei Europas Adel Legende. Die Galeere mit zusätzlichen Segelmasten war das Juwel einer ganzen Lustschiffflotte des Münchner Hofs. Kurfürst Ferdinand Maria hatte den »Bucentaur« 1662 von venezianischen Schiffsarchitekten bauen lassen. Er war prachtvoll bemalt, teils vergoldet. Mit einem Springbrunnen auf dem Vorschiff. Unten war Platz für bis zu 150 Ruderer. Auf dem Hauptdeck speiste man im Tafelzimmer. Küchenschiffe und das Sommelierschiff drehten bei und sorgten für Nachschub beim Gelage. Feuerwerke an Land und von Begleitbooten aus illuminierten den Würmsee, wie der Starnberger See damals hieß. Von Musikschiffen klangen barocke Melodien herüber.

In der aufgepuderten Gesellschaft war es besonders begehrt, zu einem der spektakulären Jagdfeste geladen zu werden. Bis zu 20 Begleitschiffe und Boote gruppierten sich dann um die Prunkgaleere. Die Ruderer hielten sie in Ufernähe auf Kurs. Von dort trieb man durch ein schmales Gatter Hirsche ins Wasser, von Hunden gehetzt. Es war der Gesellschaft ein Vergnügen, von Bord aus auf die langsam schwimmenden Tiere zu schießen.

Fast 100 Jahre später fand man solch makabres Vergnügen nicht mehr zeitgemäß. Der »Bucentaur« wurde abgewrackt. Viel ist von ihm nicht geblieben. Eine Figur der Göttin Minerva, eine goldene Laterne. Vollständig erhalten ist das wesentlich kleinere Vergnügungsschiff, das man später für König Ludwig I. baute. Es ist im Museum Starnberger See zu sehen. Das zwölf Meter lange Ruderschiff mit Glaskabinett ist nach seiner Galionsfigur benannt, einem Delphin. Dumm nur: Der König hatte überhaupt keine Lust, sich damit über den See fahren zu lassen. Erst Nachfolger Max hat es intensiv für Ausflüge zur Roseninsel genutzt. Sein erstes Dampfschiff hat dann den Delphin abgelöst.

Adresse Possenhofener Straße 5, 82319 Starnberg, Tel. 08151/4477570 | Anfahrt von der A 952 durch Starnberg Richtung Weilheim, links in die Bahnhofstraße, rechts in die Possenhofener Straße, Parkbuchten an der Bahnhofstraße und der Straße Bahnhofplatz, von dort über den Museumsweg zum Museum | Öffnungszeiten Di–So 10–17 Uhr | Tipp Hinter dem Museum steht das Lochmannhaus, eines der ältesten bäuerlichen Anwesen am See.

96__Die Harfenmanufaktur

Halleluja-Instrumente, wertvoll wie eine Stradivari

Himmlische Töne erklingen. Ist das ein Engel, der hier spielt? Ivana Pokorna greift in die Saiten einer Harfe. Es ist eine Horngacher. Eine Horngacher ist bei den Harfen, was ein Steinway bei den Flügeln oder eine Stradivari bei den Geigen ist. Harfenistinnen und Harfenisten der New Yorker, Berliner oder Münchner Philharmoniker, des Bolschoi-Staatstheaters, des brasilianischen Nationalorchesters, der Mailänder Scala oder der Oper in Peking spielen auf Instrumenten aus der Manufaktur Horngacher. Wenn Solisten oder Orchester in Starnberg bestellen, haben sie mit Wartezeiten zu rechnen wie bei einem Rolls Royce. Ein halbes Jahr müssen sie sich schon gedulden.

Ivana Pokorna ist Harfenistin der Prager Philharmoniker und Ehefrau von Klaus Horngacher, Chef des Traditionsbetriebes. Im Erdgeschoss und in der ersten Etage eines unauffälligen Wohnhauses fertigen sechs Instrumentenbauer, Drechsler, Vergolder die Halleluja-Instrumente. Unten werden die Holzarbeiten gemacht, der geschwungene Hals, die Säule, der Klangkörper, an einigen Stellen zehn, an anderen nur zwei Millimeter dick. Klaus Horngacher hat jedes einzelne der Hölzer bei internationalen Händlern persönlich ausgesucht. Ahorn gibt einen hellen Ton, Mahagoni klingt weicher, dunkler. Oben arbeiten die Techniker. Die Mechanik einer Harfe besteht aus 1.500 Einzelteilen. »Die müssen bis zu einem Fünftausendstelmillimeter genau passen.« Zwischen Bogen und Resonanzkörper werden 47 Saiten gespannt, aus Metall, Schafsdarm, Nylon. Mit 1.500 Kilo Zugkraft zerren sie an dem Instrument.

Sechs Wochen im Jahr ist Klaus Horngacher mit Werkzeugtasche und Ersatzteilen weltweit unterwegs, um seine Harfen zu warten oder zu reparieren. Neue holen die Künstler meist selbst in der Werkstatt ab. Je nach Anspruch an die Ornamentik können sie bis zu 85.000 Euro teuer sein. Zwölf Harfen verlassen jährlich die Manufaktur.

Adresse Söckinger Straße 23, 82319 Starnberg, Tel. 08151/12920 | **Anfahrt** von der B 2 Starnberg/Weilheim in die Söckinger Straße, nach einer Links-rechts-Kurve auf der linken Seite | **Öffnungszeiten** nach Vereinbarung | **Tipp** Könnte auch Quartier für Raubritter sein: Nicht weit von der Söckinger Straße steht am Ende der Schlossbergstraße das Schloss Starnberg, heute Sitz des Finanzamtes.

97_Die Phantasie

Direktverbindung über den See zum Museum

Jüngstes Schiff der Flotte der Bayerischen Seenschifffahrt auf dem Starnberger See ist die »Seeshaupt«. Mit Platz für 800 Menschen, Lift über alle Decks und Aussichtsturm. Als Flaggschiff gilt die »Starnberg«. Zwei Rümpfe, ein Galerie-Katamaran. Mit Rohrrutsche für Kinder, gelegentlichen Steuerungsproblemen und einem grimmigen Neptun mit Dreizack am Bug. Die Galionsfigur auf der »Phantasie«, kleinstes Schiff, ist freundlicher.

Die adipöse Lady steht fast schwebend auf ihren Füßen mit rot lackierten Nägeln. Die Träger des weiß-blauen Badeanzugs im bayerischen Rauten-Look sind ihr von den Schultern gerutscht. Der Busen liegt frei, der Hintern schaut raus. Ein Phantasie-Geschöpf. So leitet sie, weit über den Bug gelehnt, das Schiff von Starnberg auf sicherem Kurs nach Süden zum Dampfersteg in Bernried. Von dort ist es nur ein Spaziergang zum »Museum der Phantasie«, das dem Expressionisten-Sammler und Bestsellerautor (»Das Boot«) Lothar-Günther Buchheim gewidmet ist (siehe Seite 162). Von Mai bis August werden auch Mondschein-Exkursionen zur Kunsthalle angeboten.

Sechs Fahrgastschiffe unterhält die Bayerische Seenschifffahrt auf dem Starnberger See. Sie transportieren eine Viertelmillion Passagiere in der Saison. Erstaunlich: Auf dem kleineren Ammersee sind es deutlich mehr. Tegernsee und Königssee gehören auch zu den Revieren des Unternehmens. Am Fuß des Watzmanns sind auf 17 Elektromotor-Schiffchen im Jahr 600.000 Touristen unterwegs.

Die Weiße Flotte hat immer Vorfahrt. Zwar sind für den Starnberger See nur 255 Motorboot-Lizenzen vergeben, die Wartezeit dauert 13 Jahre. Aber neben vielen kleinen sind 2.365 Segelboote über 9,20 Meter Länge zugelassen. Die Schiffsdichte ist also hoch. Für einen Liegeplatz in einem der Häfen zahlen die Eigner bis zu 4.000 Euro im Jahr. Billigste Lösung ist eine Boje der Seenverwaltung für 500 Euro. Wer sich heute anmeldet, kommt in 15 Jahren dran.

Adresse linker Landesteg, Bahnhofsplatz, 82319 Starnberg | Anfahrt nach dem Ende der A 952 links in die Leutstettener Straße, weiter in die Kaiser-Wilhelm-Straße, rechts in die Straße Bahnhofplatz, durch den S-Bahn-Tunnel | Fahrzeiten Fahrplan unter www.seenschifffahrt.de | Tipp Nur ein paar Meter sind es bis zu H'ugo's Beach Club Undosa. Früher war hier Deutschlands erstes Wellenbad, das Becken hatte man in den See gebaut. 1908 kostete ein »Wellenbad mit Wäsche« 60 Pfennige.

98 Die Tunnel-Bilder

Anonymes Kunstwerk, das Geschichten erzählt

Eine Signatur ist nur schwer zu finden. Dabei hätten diese Bilder es verdient, dass man etwas über ihre Malerin erfährt. Sie ist eine große Künstlerin! Sie hat den Menschen etwas geschenkt. Die Motive erzählen Geschichten, lassen Raum für Phantasie. Einige wirken wie ägyptische Malerei, andere, als hätten sie eine biblische Botschaft.

Die Künstlerin hat sich einen Platz dafür ausgesucht, den man sonst eher meiden möchte. Einen Tunnel, der unter den S-Bahn-Gleisen hindurchführt zum See. Nicht den am Bahnhof, westlich davon. Kein schöner Platz für eine Galerie. Nackter Beton. Kabel liegen blank. Kippen liegen herum, und es riecht – wie üblich an solchen Orten – nicht gut.

Die Malerin kann die Arbeit nicht in einer Nacht geleistet haben. Dafür ist die Fläche zu groß und das Gesamtkunstwerk zu großartig. Neun Bilder sind es, die vom Fußweg bis zur Tunneldecke reichen. Ein junger Mann mit dunkler Haut, weißer kurzer Hose und Turban kommt dem Betrachter entgegen. Er war Fische fangen. Trägt mit seinen Fingern ein langes und ein kugeliges Beuteexemplar am Maul. Vier Bilder zeigen Boote. Ein Kanu im Schilf. Ein Ruderboot mit zwei Männern. Einen Dreimaster mit roten Segeln. Zwei Boote, die fernöstlich anmuten. Auf dem nächsten Bild stampft uns ein afrikanischer Elefant entgegen. Dann sehen wir ein grünes Irgendwas, das wie ein Erdmännchen kess den Kopf aus seiner Höhle streckt. Ein Vogel mit langem Schnabel, einem Reiher ähnlich, steht auf einem Bein. Ein Mann mit Stock und Regenschirm. Ein nächster balanciert einen Delphin auf seinem Kopf.

Ein Teil der Bilder ist mit dummen Sprüchen übersprüht. Die Wandmalerei ist darüber erhaben. Dann doch: In einer Ecke entdeckt man ein bescheidenes »ERI« als Zeichen. Erika Schalper hat den Starnbergern ihre Bilder geschenkt. Sie ist Malerin und Architektin. Sie war noch nie in Afrika. Hat aber Sehnsucht dorthin.

Adresse Ecke Museumsweg/Bahnhofstraße, 82319 Starnberg | **Anfahrt** vom Ende der A 952 geradeaus weiter in Münchner Straße und Hauptstraße, links in die Bahnhofstraße, Parkplatz beim Pizza-Service (gebührenpflichtig) | **Tipp** Nördlich der Bahnhofstraße führt die Achheimstraße durchs Achheimviertel. Starnberg, architektonisch nicht immer gelungen, ist hier am ursprünglichsten.

99__Die Baulücken-Madonna

Provinztheater ums Filet-Grundstück

Zu ihrem 300. Geburtstag vor wenigen Jahren hat man die Patrona Bavariae, die Schutzheilige Bayerns, wieder hübsch gemacht. Hat die gekrönte Gottesmutter und das Christuskind, das sie im Arm trägt, frisch vergoldet. Der Pfarrer und der Bürgermeister sprachen zum Fest, beim Böllerschießen ließ man es richtig krachen, Liederkranz und Blasmusiker gaben ihr Bestes. Die Madonna steht am Rande der Uferrampe, wo man einst die Fässer aus der Schlossbrauerei nach Starnberg verschifft hat. Sie schaut hinaus auf den See und den Dampfersteg. Was hinter ihrem Rücken passiert, will sie wahrscheinlich gar nicht wissen.

Es ist ein ihr unwürdiges Monopoly-Spiel an einem schlechten Provinztheater. Es ist Geschacher und Gezänk. Die Madonna wacht ganz allein auf dem teuersten Brachland in bester Lage des schönen Tutzing. Früher hat sie ein stattliches Hotel beschützt, das hier einmal gestanden hat, den Seehof, und die Sommerfrischler haben die Madonna verehrt. Aber das Hotel existiert schon lange nicht mehr. Seit einem Vierteljahrhundert wird über die künftige Nutzung der Baulücke zwischen der Evangelischen Akademie und den Wohnhäusern an der Marienstraße gestritten. Mal wechseln die Eigentümer des Grundstücks, das immer wertvoller wird, mal die Ideen. Erst ist wieder ein größeres Hotel geplant, dann will man nur noch ein kleineres erlauben, von dem mögliche Betreiber meinen, es sei nicht wirtschaftlich zu führen. Ein Architekt zeichnet neue Pläne, die der nächste wieder zerreißt. Anfangs ist man gänzlich gegen Luxuswohnungen als Alternative, dann plötzlich dafür mit zusätzlichen Ladenzeilen und Sichtachse bis zum See, zuletzt wanken auch die Wohnbauten wieder. Mit wechselnden Bürgermeistern und Gemeinderäten ändern sich auch die Prioritäten. Die Lokalpresse schreibt: »Tutzing ist zur Problemzone am See geworden.«

Sicher ist nur: Die Madonna auf ihrem Sockel wird bleiben.

Adresse zwischen Schlossstraße und Marienstraße, 82327 Tutzing | **Anfahrt** von der B 2 Starnberg/Weilheim in Traubing Richtung Tutzing, rechts in die Hauptstraße bis zur Ortsmitte, links in die Schlossstraße, auf der linken Seite | **Tipp** Auch ein sehenswerter Heiliger: Die bunte Statue von Papst Clemens I. steht auf einem Privatgrundstück am Ufer. Vom Dampfersteg aus ist sie gut zu sehen.

100 Die Brahmspromenade

Man sieht sich nicht satt

Die Weißwangengans, heute ein Brutvogel Mitteleuropas und auch am Tutzinger Ufer zu Hause, ist damals noch nicht heimisch. Aber das Schloss des Grafen von Pocci mit seinen markanten Zwiebeltürmen steht schon an der gegenüberliegenden Seeseite in Ammerland. Rechts die Badestrände von Ambach. Im Süden erheben sich im Hintergrund die Gipfel des Karwendels und das Wettersteingebirge mit der Zugspitze. Johannes Brahms (1833–1897) ist überwältigt. Einen langen Sommer, von Mai bis September, bleibt der 40-Jährige. An den Freund und Dirigenten Hermann Levi schreibt er eine Postkarte: »Tutzing ist weit schöner, als wir uns vorstellen konnten. Eben hatten wir ein prachtvolles Gewitter, der See war fast schwarz, an den Ufern herrlich grün. Für gewöhnlich ist er blau, doch schöner, tiefblauer als der Himmel, dazu die Kette schneebedeckter Berge – man sieht sich nicht satt.«

Bei Gastwirt Konrad Amtmann hat Brahms für 25 Gulden im Monat ein Zimmer und ein Kabinett im ersten Stock gemietet. Sechs Gulden zusätzlich muss er für ein Klavier bezahlen. Die Pension Amtmann ist vorwiegend von englischen Damen belegt, die sich als glühende Verehrerinnen des Komponisten, Pianisten und Dirigenten erweisen. Vielleicht hat Brahms auch das gefallen, jedenfalls erlebt er eine glückliche und kreative Zeit. In Tutzing schafft und vervollständigt er Werke, die in seinem Œvre als bedeutend gelten: die Streichquartette in C- und A-Moll oder die Haydn-Variationen op. 56. Die Lieder und Gesänge op. 59 werden von Therese und Heinrich Vogl in Tutzing uraufgeführt. Das Sängerpaar hat Brahms einen Pavillon in der Nähe des Dampferstegs zum Komponieren zur Verfügung gestellt.

Brahms, Naturliebhaber, unternimmt lange Spaziergänge. An der Brahmspromenade unterhalb des Brahmswegs erinnert ein wuchtiger Gedenkstein an seine Tutzinger Zeit. Der Konzertzyklus »Brahmstage« im Herbst hat überregionalen Ruf.

Adresse Brahmsweg, 82327 Tutzing | Anfahrt auf der B 2 von Starnberg Richtung Weilheim, in Traubing links in die Garatshauser Straße, rechts in die Hauptstraße, links führen die Mühlfeldstraße, der Ringseisweg oder das Fischergassl zum Brahmsweg | Tipp Südlich des Brahmsparks hat die Gemeinde den Kustermannpark nach historischen Plänen wiederhergestellt. Tutzing hat zwischen Nord- und Südbad drei Kilometer Seeufer-Parkanlagen.

101 Die Evangelische Akademie

Wer was zu sagen hat, sagt's hier

Selbst mal Schlossbewohner sein. Aufwachen unter Stuck wie einst Graf Friedrich von Vieregg, der dem Anwesen die Hufeisenform gab. Im Freien frühstücken neben dem Nymphenbrunnen wie der Backpulverkönig Rudolf August Oetker, dem das Schloss auch einmal gehörte. Anschließend durch den englischen Landschaftspark schlendern wie Dwight D. Eisenhower, Militärgouverneur der amerikanischen Besatzungszone, der hier seine Kommandantur hatte und später acht Jahre US-Präsident war. Dann ruht man auf einem der Deckchairs am Ufer aus. Vielleicht sitzen die lebensgroßen Keramikfiguren »Menschen im Schlosspark« noch da, welche die Künstlerin Hilde Würtheim im Garten ausgestellt hat.

Die Evangelische Akademie Tutzing, die hier ihren Sitz hat, vermietet im Juli und August auch an Urlauber, bis aus Australien kommen Gäste. Sonst ist die Einrichtung der Landeskirche Denkwerkstatt. Zu 90 Seminaren, Workshops, Vortragsabenden kommen übers Jahr 12.000 Teilnehmer. Die Akademie ist ein Ort der Bildung durch Diskurs. Menschen aus Politik, Wirtschaft, Kultur, Medien und Kirche treffen sich hier.

In historischem Ambiente und traumhafter Lage kann man auf gute Gedanken kommen. Das Tutzinger Diskussionsforum »Politischer Club« gilt als Seismograph für die gesellschaftliche Debatte. Die Versöhnung der Deutschen, die Entwicklung Europas, die Einwanderungspolitik – was in kontroversen Debatten erarbeitet wird, wird oft später in politische Praxis übersetzt. Eine Einladung nach Tutzing mag keiner ausschlagen. Kaum ein Kanzler, kaum ein Präsident, der nicht Gewichtiges gesprochen hätte. SPD-Vordenker Egon Bahr hat hier die Grundzüge der Ostpolitik von Willy Brandt skizziert, den »Wandel durch Annäherung«. Der CSU-Vorsitzende Theo Waigel hat in Tutzing den Begriff »Euro« geprägt.

Adresse Schlossstraße 2 und 4, 82327 Tutzing, Tel. 08158/2510 | **Anfahrt** von der B 2 Starnberg/Weilheim bei Traubing Richtung Tutzing, rechts in die Weylerstraße und Hauptstraße bis zur Ortsmitte, links in die Schlossstraße | **Öffnungszeiten** 7.30–22.30 Uhr (Rezeption) | **Tipp** Der alte Fischerort ist Thinktank-Hochburg. Nördlich liegt, auch direkt am Ufer, die Akademie für Politische Bildung (Buchensee 1).

102 Die Malzmühle

Versteckte und sehr barocke Illusionsmalerei

Die Dame ist drall. Ihr Vorbau prall. Körbchenübergröße plus. Auf Verhüllendes aber verzichtet sie. In der Linken hat sie die Schlange der Sünde fest im Griff. In der Rechten einen Handspiegel, in dem sie sich betrachtet. Mit einer doppelreihigen Perlenkette hat sie sich im wallenden blauen Gewand schön gemacht.

Das Prachtweib ist Teil eines opulenten bajuwarischen Gemäldes auf der Nordseite eines Wohngebäudes. Zu sehen bekommt es nur, wer beim Tengelmann am nördlichen Ortseingang von Tutzing parkt. Der Künstler hat mit der Barocktechnik der Illusionsmalerei Trompe-l'Œil (Augentäuschung) die ganze Wand über zwei Stockwerke und auch den Giebel gestaltet. Bei dieser alten Kunst wird auf Flächen dreidimensionale Wirkung erzeugt. Man glaubt, vorspringende Säulen, Ornamente und Plastiken zu erkennen, wo in Wirklichkeit keine sind. Um eine Bavaria mit Getreidebündel und Hirsch in den Armen gruppieren sich neben der drallen Schönheit ein Mannsbild in Lederhose mit Bayern-Fahne, ein beschwingt tanzendes Bauernmädel und ein gekröntes Haupt mit Gerechtigkeitswaage.

Das Privathaus war einmal Teil einer Malzmühle, 1789 gebaut. Wo heute der Sitz der Evangelischen Akademie ist (siehe Seite 210), sind damals die Grafen von Vieregg die Herren im Schloss. Und sie betreiben eine kleine Brauerei. Die Mälzerei ist Zulieferbetrieb. Das Schloss hat noch viele Besitzer gehabt. Vielleicht war der ungarische Kunsthändler Marczell von Nemes, »Edler von Janoshalma«, der schillerndste. Er hat das Schloss mit vielem ausgestattet, was man heute noch bestaunt.

Die Brauerei ist abgebrannt. Ein »Tutzinger Bräu« als helles Vollbier und hefetrübes Weißbier gibt es noch immer. Einige tausend Flaschen werden jährlich abgefüllt, ausschließlich im Schloss kann man es trinken. Nur wer ganz genau hinsieht, erkennt, dass es im Kloster Andechs gebraut wird.

Adresse Tengelmann-Parkplatz, Hauptstraße 101, 82327 Tutzing | **Anfahrt** von der B 2 Starnberg/Weilheim bei Traubing Richtung Tutzing, rechts in die Weylerstraße und Hauptstraße, beim Autohaus (Hauptstraße 100) rechts in die Zufahrt zum Supermarkt | **Tipp** Ein Bach, der die Mühle mit Wasser versorgte, mündet beim Midgardhaus in den See. Das frühere Gästehaus des Schlosses ist heute die Wirtschaft zum Häring. Promi-Treff von Ion Anderson (Jethro-Tull-Frontmann) bis Dieter Zetsche (Daimler-Chef).

103 Das Grünsinker Kirchlein

Erst die Mess und dann die Maß

Es soll in der ersten Hälfte des 18. Jahrhunderts gewesen sein, als sich ein gräflicher Jäger im dichten Wald zwischen Weßling und Etterschlag, heute Ortsteil der Gemeinde Wörthsee, verirrte. Finster wurde es. Sumpf- und Wasserlöcher waren eine Gefahr und Wölfe damals zahlreich. Da schickte der Jägersmann ein Stoßgebet zur Muttergottes. Er gelobte, ein Marienbild aufzustellen, wenn sie ihm nur helfe in seiner Not und ihm den Weg in die »grüne Senke« zeige. Dort kannte er sich aus, er wusste einen Pfad von der Lichtung zur Einöde Schluifeld. Tatsächlich wurde er aus seiner Todesangst befreit und fand den Weg. Der Bauer gab ihm Unterkunft für eine Nacht. Im Haus entdeckte der Jäger ein vernachlässigtes Marienbild, das der Bauer ihm schenkte. Und der Weidmann hielt sich an sein Gelübde, kehrte zurück an den Ort, wo er aus dem Wald gefunden hatte. In einem hohlen Birnbaum stellte er das Madonnenbild auf.

Die Menschen hörten von der Geschichte. Auf ihrem Kirchgang nach Weßling machten sie unter »Maria Hilf im Birnbaum« Rast. Bald wurde von ersten Wunderheilungen berichtet. Die Pilger brachten Dankesgaben und hängten diese an den Bäumen auf. Der Pfarrer lenkte die religiöse Volksbewegung mit einer Wallfahrt in geordnete Bahnen. Eine Kapelle wurde an Ort und Stelle gebaut, um darin das Gnadenbild zu verehren. Es ist eine Kopie des Gemäldes »Maria Hilf« von Lucas Cranach dem Älteren und bildet heute das Zentrum des Hochaltars. Lange stand hier eine Terrakotta-Abbildung des Gemäldes, das selbst an der linken Wand des Kirchleins aufgehängt war. Die Tonfigur steht jetzt in einer kleinen Mauernische.

Zweimal im Jahr findet immer noch eine Wallfahrt nach Grünsink statt. Einem Freiluft-Gottesdienst schließen sich ein Fest und eine Wallfahrtsdult, ein Jahrmarkt, an. So ist es Brauch, dem spirituellen Wohl folgt das leibliche. »Erst die Mess und dann die Maß«, sagt man.

Adresse Grünsinker Straße, 82234 Weßling-Grünsink, Tel. 08153/3415 (Pfarramt) | **Anfahrt** von der A 96 (Ausfahrt Oberpfaffenhofen) nach Weßling, von der Hauptstraße rechts in die Grünsinker Straße, nach anderthalb Kilometern auf der rechten Seite | **Öffnungszeiten** ganzjährig 9–19 Uhr | **Tipp** Den Weßlinger See, der aus der Vogelperspektive die Form eines Herzens hat, kann man in 45 Gehminuten umrunden. Er hat weder Zu- noch Abfluss, wird künstlich belüftet.

104 Das Pferde-Altenheim

Gnadenbrot-Gestüt für die Tiere des Circus Krone

Es war einmal ein kleines Paradies. Eine Hofstatt, blitzblank und wunderbar anzusehen mit viel Lüftlmalerei. Umgeben von hohem Tann inmitten saftiger Wiesen. Kristallklar sprang ein Bächlein hindurch, sang seine Melodie. Kronen wie aus purem Gold schmückten die eiserne Eingangspforte. Auf den Weiden und im Stall, der gar reichlich verziert war, sah man edle Rösser, von einem Reitersmann liebevoll umsorgt. Es schien, als sei dies für die Pferde der Himmel auf Erden. Und wenn man ganz genau lauschte, konnte man hören, wie sie sprachen über ihr Glück …

Nicht nur ein Märchen. Märchenhafte Wirklichkeit. Im Mischenrieder Wald unterhält der Circus Krone ein Gestüt für seine alternden Pferde. Abgeschirmt. Die Tiere haben ihr Publikum gehabt, waren lange Stars der Manege. Nur durch den Zaun kann man sie beobachten auf den Koppeln. Der Zirkus ist der einzige Europas, der solch ein Heim für seine vierbeinigen Artisten betreibt. »Meine Tiere haben hart gearbeitet und vielen Menschen schöne Stunden gegeben. Dafür belohne ich sie«, hat Zirkus-Patriarchin Christel Sembach-Krone früh entschieden.

Bewegung, die Gelenke ölen, das ist wichtig im Alter. Täglich geht's raus auf die Weide. Wer dort nicht rennt, wird im Manegenbau an der Longe fit gehalten. Schritt, Trab, Galopp. Wenn die Pferdesenioren eine Manege sehen, scheinen sie sich gleich um zehn Jahre jünger zu fühlen. Es sind Zirkuspferde. Im Stall goldfarbene Kugeln. Glanz und Prunk. Das sollen die Tiere im Alter nicht vermissen. In den zwölf Boxen weiße Araberhengste, pastellfarbene Cremellos, tiefschwarze Friesen mit der Figur eines Kaltbluts und dem Temperament eines Vollbluts. Jetzt haben sie weiße Strähnen im Schopf. In dieser Seniorenresidenz wird auf individuelle Fürsorge geachtet. Wer einen Apfel nicht mehr beißen kann, dem wird Apfelmus serviert. Und Olivenöl zu den Karotten, wenn es der Verdauung hilft.

Adresse Gut Zahnering, 82234 Weßling-Mischenried | Anfahrt von der A 96 (Ausfahrt Oberpfaffenhofen) über die Ampelkreuzung, an der Tankstelle vorbei parallel zur Autobahn, in der Haarnadelkurve | Öffnungszeiten nur von außen einzusehen | Tipp Der Mischenrieder Wald ist Mehr-Generationen-Forst. Jüngere Pferde werden auf Gut Mischenried trainiert. Die Reitanlage, einst verwahrlost, hat man mit Weihern und Apfelbaumallee schön hergerichtet (Gut Mischenried 2, Tel. 08153/906711).

105_Der Sonderflughafen

Hinterm Wastian vorbei hat man die beste Aussicht

Die Ampel springt auf Rot, wenn ein Flugzeug im Landeanflug ist. Ganz dicht führt die Gautinger Straße am südlichen Ende des Runways vorbei, der nur durch niedrigen Rollendraht gesichert ist. 2.286 Meter streckt sich die Piste bis zum Horizont. Der Flughafen ist von seinen Maßen der drittgrößte in Bayern. Meist zeigt die Ampel aber Grün. Kein Flugzeug kommt, keines fliegt ab. Nur die Flughafenfeuerwehr steht immer in Position. Noch besser kann sehen, dass sich hier wenig tut, wer von der Gautinger Straße den Auweg entlang bis zum Bauern Wastian geht. Hinterm Hof führt ein Feldweg am Flughafenzaun entlang. Landet aus nördlicher Richtung doch mal ein Flieger, eine Turboprop-Maschine, eine einmotorige Cessna, bekommt man auch die nicht richtig zu Gesicht. Sie braucht den langen Bremsweg nicht, dreht vorher ab über die Taxiways, rollt zur Parkposition.

Aber was war hier los im August 2006! Den ganzen Tag dreht damals ein Airbus A380 Platzrunden, das größte in Serie produzierte zivile Flugzeug. Kommt bis auf 100 Meter runter, startet durch mit neuem Schub. Dahinter eine Boeing 747. Mit Lasergeräten messen Ingenieure des Deutschen Zentrums für Luft- und Raumfahrt die Wirbelschleppen, welche die Riesen spiralförmig hinter sich herziehen. So bestimmen sie den Abstand, der von einem bis zum nächsten Flieger im Luftverkehr einzuhalten ist, damit sie nicht in Turbulenzen geraten. Hunderte, mit Picknickkörben ausgerüstet, verfolgen damals die Gratisshow.

Der Airport Oberpfaffenhofen ist ein Sonderflughafen. Früher sind hier Senkrechtstarter und andere Neuentwicklungen zu Erstflügen gestartet. Heute ist er Forschungsflughafen und zugelassen für den »qualifizierten Geschäftsreiseflugverkehr« mit Full-Service-Betrieb von der Enteisungsanlage bis zur Passkontrolle. Firmenjets und Lufttaxis dürfen ihn nutzen. Bürgerinitiativen, die sich dagegen wehrten, sind unterlegen.

Adresse Gautinger Straße, 82234 Weßling-Oberpfaffenhofen | **Anfahrt** von der A 96 (Ausfahrt Oberpfaffenhofen) Richtung Herrsching, im Kreisverkehr dritte Ausfahrt in die Argelsrieder Straße, zweimal links in die Gautinger Straße | **Tipp** Früher hieß der Dorfgasthof nur Plonner. Jetzt ist er Il Plonner. Bayerisch-italienische Fusionsküche mit Biozutaten und Livemusik-Programm (Gautinger Straße 52, Tel.08153/916127).

106_Das Kuchen-Paradies

Süße Feinkost nach uralten Familienrezepten

Münchner Künstler zieht es früh mit ihren Staffeleien ins Dorf Weßling. Am Ufer des Sees wollen sie die Stimmungen der Landschaft einfangen. Malerwinkel heißt immer noch ein Fleck, wo heute das einzige Strandbad ist. Die Skulpturen, die den Seeuferweg begleiten, stammen aus einem Bildhauerwettbewerb. Aber kaum einer weiß noch, dass auch Pierre-Auguste Renoir (1841–1919) in Weßling einen Sommer verbracht hat.

Der Meister der Pastelltöne und des Lichts reist damals mit Frau und Kindern aus Südfrankreich an. Von der oberbayerischen Luft erhofft er sich Linderung von Gicht und Rheuma. Gleichzeitig will der Impressionist einen Auftrag erledigen. Ein Kunsthändler hat ihn gebeten, dessen Frau zu porträtieren. Es entsteht das süßliche Bild »Madame Thurneyssen mit ihrer Tochter auf den Knien«. Maler-Kollege Heinrich Brüne, der Renoir sein Atelier im Nachbardorf Oberpfaffenhofen zur Verfügung stellt, erinnert sich später: »Hatte ich geglaubt, dass Renoir einen eigenen Farbenreiber beschäftigt, überhaupt besonders ausgesuchtes Material verwendet – was bekam ich zu sehen! Einen kleinen Schülermalkasten mit einem Dutzend kleiner Tübchen, etliche schon recht vermalte, spitze Borstenpinselchen!«

Renoir wohnt 1910 im alten Lehrerhaus (Hauptstraße 57) am Seeufer. Gleich daneben gibt es auch damals schon eine Bäckerei und Pläne für eine Kaffeeschänke. Aber es soll noch etliche Besitzerwechsel dauern, bis 1932 Georg Schmid die Konzession zum »Ausschank von Kaffee, Wein und Branntwein« in einem Seegarten erhält. Heute führen Alexandra und Tobias Aenishänslin in vierter Generation das Café am See. Schwarzwälderkirsch, Nussbiskuitrolle mit Stachelbeeren, Brombeer-Windbeutel. Kenner fahren weit, um sich bei bestem Seeblick der Versuchung feinster Torten, gedeckter Obstkuchen, himmlischer Pralinen oder origineller Eiskreationen hinzugeben. Gefertigt nach uralten Familienrezepten.

Adresse Hauptstraße 59, 82234 Weßling, Tel. 08153/1663 | **Anfahrt** von der A 96 (Ausfahrt Oberpfaffenhofen) nach Weßling, auf der linken Seite | **Öffnungszeiten** Mo und Mi–Sa 9.30–18 Uhr, So 10–18 Uhr, Juni–Aug. am Do länger (bei schönem Wetter) | **Tipp** Auf der anderen Seeseite steht am Alzheimergassl die Villa des Arztes Alois Alzheimer (auf dem Foto im Hintergrund). Der Entdecker der nach ihm benannten Krankheit nutzte das Kleinod als Sommersitz.

107_Der Turmhelm

Pfarrer Bröll ließ sich von Nazis nicht stoppen

Die Architektur der Kirche Christkönig ist ungewohnt im Vergleich mit anderen Zwiebelturmbauten. Die Haube ist gestreckt, misst mit 19 Metern mehr als ein Drittel des ganzen Kirchturms (52 Meter). Für die Zimmerer war das eine Herausforderung. Der Turmhelm ist mit Lärchenschindeln gedeckt. Das Kreuz auf seiner Spitze streckt sich noch einmal vier Meter in den Himmel.

Die Kirche ist jüngeren Datums, erst Baujahr 1939. Dass sie überhaupt entstand, grenzt an ein Wunder. Ihre Vollendung »ist der Dynamik und der Persönlichkeit des Pfarrers Lorenz Bröll zuzuordnen«, so steht's im Archiv. »Er vereinigte Bauernschläue mit Standfestigkeit und Durchsetzungsvermögen und verfügte über weitreichende persönliche und politische Verbindungen.« Damals ist die Einstellung der NS-Ideologen zur Kirche radikal. Langfristig soll sie aufgelöst werden. Kirchliche Werte sollen ersetzt werden durch nationalsozialistischen Wahnsinn. Unter diesen Umständen will Weßling ein neues Gotteshaus bauen? Der Ort ist mit der Eisenbahnanbindung an München schnell größer geworden, die alte Pfarrkirche Mariä Himmelfahrt zu klein. Pfarrer Bröll ist gerade ein paar Wochen im Amt, als ihm der Bischof 1937 den Auftrag zum Neubau gibt. Bröll handelt schnell, kann sogar den konfessionslosen NS-Bürgermeister auf seine Seite bringen, »der gegen den Einspruch seiner Partei die Lage des Friedhofs neben der Kirche durchsetzte«. Das Kirchenschiff selbst wird als »Scheunenarchitektur« interpretiert, als typisches Beispiel gemäßigter Moderne in der kirchenfeindlichen Zeit.

Auch die Orgel hat eine bewegte Drittes-Reich-Vergangenheit. Bis zum November 1938 erklang sie in der Augsburger Synagoge. In der Pogromnacht wurde sie beschädigt, und die jüdische Gemeinde war zum Notverkauf gezwungen, sollte das Instrument nicht den Nazis in die Hände fallen. In der neuen Weßlinger Kirche wurde das Instrument wieder aufgestellt.

Adresse Schulstraße 23, 82234 Weßling, Tel. 08153/3415 (Pfarramt) | **Anfahrt** von der A 96 (Ausfahrt Oberpfaffenhofen) nach Weßling, von der Hauptstraße nach dem Hotel Zur Post rechts in die Bahnhofstraße, links in die Schulstraße | **Öffnungszeiten** ganzjährig 9–19 Uhr | **Tipp** Der Pfarrstadel der alten Kirche am See ist jetzt Kabarett- und Konzertbühne (Am Kreuzberg 3). Programm unter www.unserdorf-wessling.de.

108_Das Bacherner Moos

Auf einem schwimmenden Steg übers Moor

Selbst der zuständige Planungsverband kommt hier ins Schwärmen. Vielfalt und Eigenart dieses nordwestlichen Uferbereichs des Wörthsees machten ihn zu »einem der wertvollsten Landschaftsabschnitte in Oberbayern«. Feuchtgebüsche, Pfeifengraswiesen, Hochmoorabschnitte, Quellmoore und vor allem das Niedermoor – für seltene Pflanzen, Insekten, Amphibien ein idealer Lebensraum. Vom Niedermoor wird im Bayerischen das Wort Moos abgeleitet. Lange führte nur ein Trampelpfad als Etappe des 12,5 Kilometer langen Wörthsee-Rundwanderweges durchs Moos. Das war bestenfalls etwas für Gummistiefelträger, hat sonst nur bei gefrorenem Boden Spaß gemacht.

Schädlich war es obendrein. Niedermoorböden sind sehr empfindlich bei Trittbelastung. Sie zerstört Bodenaufbau und Pflanzendecke. Noch schlimmer sind Schäden durch den Druck von Fahrradreifen. Das Bacherner Moos können Wanderer jetzt über einen Bohlenweg durchqueren. Der Rotary-Club Wörthsee hat die Initiative ergriffen und viel Geld zusammengetrommelt, um das ehrgeizige Projekt zu realisieren. Die Herausforderung: Das Moor ist hier bis zu sechs Meter tief, der Torf extrem nass. Der Steg konnte deshalb nicht auf Pfählen gegründet werden. Er ist »schwimmend« verlegt, führt über weit ausladende, quer liegende Planken. Der sichtbare Holzweg ist dabei nicht breiter als 60 Zentimeter, damit er nicht als Rennstrecke für Mountainbiker taugt. An einigen Stellen gibt's Ausweichmöglichkeiten.

Vom Parkplatz führt der Wanderweg zunächst ein paar hundert Meter die Straße entlang, dann gegenüber dem Reiterhof rechts ab (Hinweis: »Rundwanderweg Wörthsee«). Nach kurzer Feldwegstrecke ist links der Einstieg ins Moos ausgeschildert. Hier sollte man sich Zeit nehmen! Den Dschungel links und rechts des Stegs studieren und den Libellen beim Liebesspiel zuschauen! Der Weg mündet in die Hintere Seestraße. Der Themen-Rundwanderweg ist weiter gut ausgewiesen.

Adresse Am Krebsbach, 82266 Inning-Bachern | **Anfahrt** von der A 96 (Ausfahrt Inning) nach Inning, links in den Bacherner Weg, am Hotel Mutz links in die Straße Am Krebsbach, Parkplatz auf der rechten Seite | **Tipp** Nur sonntags und an Feiertagen von 12–18 Uhr geöffnet: Biergarten und Wirtsstube des Lautenbacher Hofs, gegenüber vom Parkplatz (Tel. 08143/7659).

109_Die Mausinsel

Wo ein boshafter Graf seine Strafe bekam

Dicht heran kommt man, wenn der See zugefroren ist und die Eisdecke trägt. Schlittschuhfahrer machen sich dann einen Spaß daraus, das Inselchen vor Bachern zu umrunden. Sonst kann man es nur mit dem Boot erkunden. Die Insel Wörth, die dem Wörthsee und der politischen Gemeinde den Namen gab, ist zwar über einen Steg mit dem Ufer verbunden, aber der ist gesperrt. Zum Tor gibt's nur zwei Schlüssel. Der Bewohner des kleinen Schlösschens auf der Insel hat einen. Den anderen hat der Graf zu Toerring-Jettenbach. Ihm gehört die Insel wie auch der ganze See. Also mietet man am besten ein Ruder- oder Elektroboot. Weil es den Bootsverleih im Naturhafen Bachern nicht mehr gibt, ist die nächste Gelegenheit bei der Sportschifffahrtschule Wörthsee in Steinebach. Betreten bleibt aber verboten. Und Abstand halten! Im Schilfgürtel um die Privatinsel nisten viele Vögel.

Ein anderer Graf war es, der dem Eiland, das die Menschen am Wörthsee nur Mausinsel nennen, zu seinem zweiten Namen verhalf. Er muss ein Verbrecher gewesen sein. Vor vielen Jahren soll der hartherzige Mann auf Schloss Seefeld gelebt haben. Als nun eine Hungersnot übers Land kam und die Menschen um Hilfe des reichen Grafen flehten, sperrte der boshafte Kerl die armen Menschen in eine Scheune, die er anzünden ließ. Die Rufe der Sterbenden kommentierte er: »Hört ihr die Mäuse und Ratten wimmern? Bald wird das Ungeziefer ausgerottet sein!« Die gerechte Strafe folgte prompt: Eine Mäuse- und Rattenplage ereilte das Schloss. Die Tiere holten sich sogar das Essen vom Teller des Grafen. Der flüchtete auf seine Insel im Wörthsee, aber die Nager schwammen hinterher und fraßen ihn auf.

Der Wörthsee ist drittgrößter der Seen im Fünfseenland. Er ist nur 34 Meter tief, im Sommer schnell warm (25 Grad). An seinem feinsandigen Westufer schimmert er dann türkisblau. Deshalb wird er auch die »Karibik des Fünfseenlandes« genannt.

Adresse Bootsverleih an der Seestraße, gegenüber dem Rathaus, 82237 Wörthsee-Steinebach, Tel. 08153/7650 | **Anfahrt** von der A 96 (Ausfahrt Wörthsee) Richtung Wörthsee, im Kreisverkehr dritte Ausfahrt, auf der Etterschlager Straße bis zum Pizza-Service (rechts), scharf rechts, Parkplätze hinterm Rathaus | **Tipp** Die Seepromenade führt nach Süden bis zum Badeplatz am Birkenweg. Große Liegewiese.

110_Der Golfclub

Naturerlebnis auch für nicht spielende Gäste

Dass hier früher einmal ein großer landwirtschaftlicher Betrieb war, dass Weidezäune, Futtersilos, Ställe und Scheunen das Bild prägten, davon ist nichts mehr zu sehen. Wo früher Maulwürfe holprige Wiesen pflügten, leuchtet jetzt ein grüner Teppich, auf genau 3,3 Millimeter Schnitthöhe getrimmt. Die Fairways passen sich in Wellen der Moränenlandschaft an. Sandbunker malen goldgelbe Kleckse. Blumenecken, Weiher, Biotope dazwischen. Lebensraum für Wasservögel und seltene Insekten. Brücken überqueren Bäche. Italienische Brunnen plätschern neben Ruhebänken. Natur, Sport und Erholung bilden eine Symbiose. Es gibt manchen Golfplatz im Fünfseenland. Der Starnberger mag ein berühmter mit Promi-Faktor sein. Der Golfclub am Wörthsee ist ein ganz feiner.

Golfbegeisterte finden sich in den 1980er Jahren zusammen, um aus dem alten Gut Schluifeld eine erste Golf-Adresse zu machen. Mit 18-Loch-Meisterschaftsanlage und 6-Loch-Platz für die schnelle Runde. Sie reißen ein und bauen auf und um. Aus der alten Herrschaftsvilla wird ein transparentes Clubhaus, dessen Wintergarten und Terrasse die Anlage auch für nicht Golf spielende Gäste zum Naturerlebnis machen. Das Restaurant steht jedem offen.

Alte Eichen und Tannenwälder umrahmen das Gelände. Ein Elektrozaun hält Wildscheine ab. Deckung vor tief fliegenden Golfbällen! Ein Rad- und Wanderweg bis zum »Kuckucksheim« der Gemeinde Wörthsee durchzieht das Terrain, auf dem bei ausreichender Schneelage im Winter Loipen für Langläufer gespurt sind. Es geht vorbei am Schluifelder Moos. Früher war hier ein See, der Rest eines Gletschers. Um Ackerland und Siedlungsraum zu gewinnen, hat man versucht, ihn trockenzulegen. Erst in der Mitte des vergangenen Jahrhunderts nahm man endgültig davon Abstand. Schilf, Binsen, Wassermoose und Borstengräser gedeihen im Sumpf. Das Moor, artenreiches Paradies, schwimmt auf einer Wasserblase.

Adresse Gut Schluifeld, 82237 Wörthsee, Tel. 08153/934770 (Club), 08153/9347718 (Restaurant) | **Anfahrt** von der A 96 (Ausfahrt Wörthsee) Richtung Weßling, nächste Möglichkeit rechts | **Öffnungszeiten** Spielzeiten auf Anfrage, Restaurant: Mo 11–21 Uhr, Di–So 9–22 Uhr | **Tipp** Auf der anderen Seite der Autobahn dokumentiert das Museum Jexhof bäuerliches Leben. Der Einödhof ist 600 Jahre alt (82296 Schöngeising, Tel. 08153/93250, Öffnungszeiten: Di–Sa 13–17 Uhr, So 11–18 Uhr).

111_Die Gondel

Perfekter Ort für den Heiratsantrag

Mit einem muss Schluss sein! »Es ist ein Mythos, dass Gondolieri singen«, sagt Ingo Stahl. »Das ist eine Erfindung des deutschen Kitschfilms der 50er Jahre. Ein Gondoliere singt nicht.« Ihm ginge wohl auch die Puste aus, denn es ist anstrengend, eine Gondel zu rudern. Ingo Stahl muss es wissen. Der pensionierte Manager ist Gondoliere auf dem Wörthsee. In traditionell weißer Hose und mit weiß-blau geringeltem Hemd steht er am Heck des Bootes. Mit kräftigem Schlag führt er den Remo, den Riemen, der in der Forcola, der Gabel, liegt. Sanft gleitet die schwarze Gondel über das in Ufernähe türkisfarbene Wasser. Venedig im Fünfseenland. Aber ohne »o sole mio«.

Liegeplatz der »Paola« ist ein Steg in der Nähe des Badeplatzes Rossschwemme am Westufer. Startplatz der Gondelfahrten ist der Bootsverleih beim Strandbad Raabe im Ortsteil Steinebach. Dort holt Ingo Stahl seine Fahrgäste ab, die sich auf roten Polstern niederlassen. Manche buchen zum Vergnügen. Andere haben ernste Absichten. Mit dem Schub der meditativen Magie einer romantischen Gondelfahrt soll ein neuer Lebensabschnitt beginnen. Tatsächlich werden auf der »Paola« viele Heiratsanträge gemacht.

Es braucht viel Geschick, um die »Voga alla veneta«, die venezianische Rudertechnik, auszuführen. 20 verschiedene Schlagarten gibt es, das Ruder durchs Wasser zu ziehen. »Es ist nicht schwer, eine Gondel zu fahren«, sagt Ingo Stahl. »Es ist schwer, es zu lernen.« Vier Jahre lang hat er sich in der Lagunenstadt von den Altmeistern Franko Grea, Silvio Sibbezzi und Rinaldo Pressl ausbilden lassen. Dann noch in Bayern den Schiffsführerschein für Fahrgastschiffe gemacht. Die elf Meter lange Gondel, eine Arbeit der Traditionswerft Squero Tramontin, konnte er gebraucht in Venedig kaufen. Ingo Stahl teilt sich inzwischen die Touren mit einem zweiten Gondoliere am Wörthsee. Und am Schloss Nymphenburg in München fahren sie auch.

Adresse Seestraße 97 (Strandbad), 82237 Wörthsee-Steinebach, Tel. 0172/8105241 (Gondel-Telefon) | Anfahrt von der A 96 (Ausfahrt Wörthsee) Richtung Wörthsee, im Kreisverkehr dritte Ausfahrt, bis zum Pizza-Service (rechts), scharf rechts in die Seestraße | Öffnungszeiten Fahrzeiten März – Okt. nach tel. Anmeldung | Tipp Unheimlich, was einem beim Baden begegnen kann: Vor dem Rathaus (Seestraße 20) liegt ein Bronze-Waller der Künstlerin Hildegard Grotewahl. Einen noch größeren Wels, 2,25 Meter lang und einige Jahrzehnte alt, haben zwei Angler 2015 im Wörthsee gefangen.

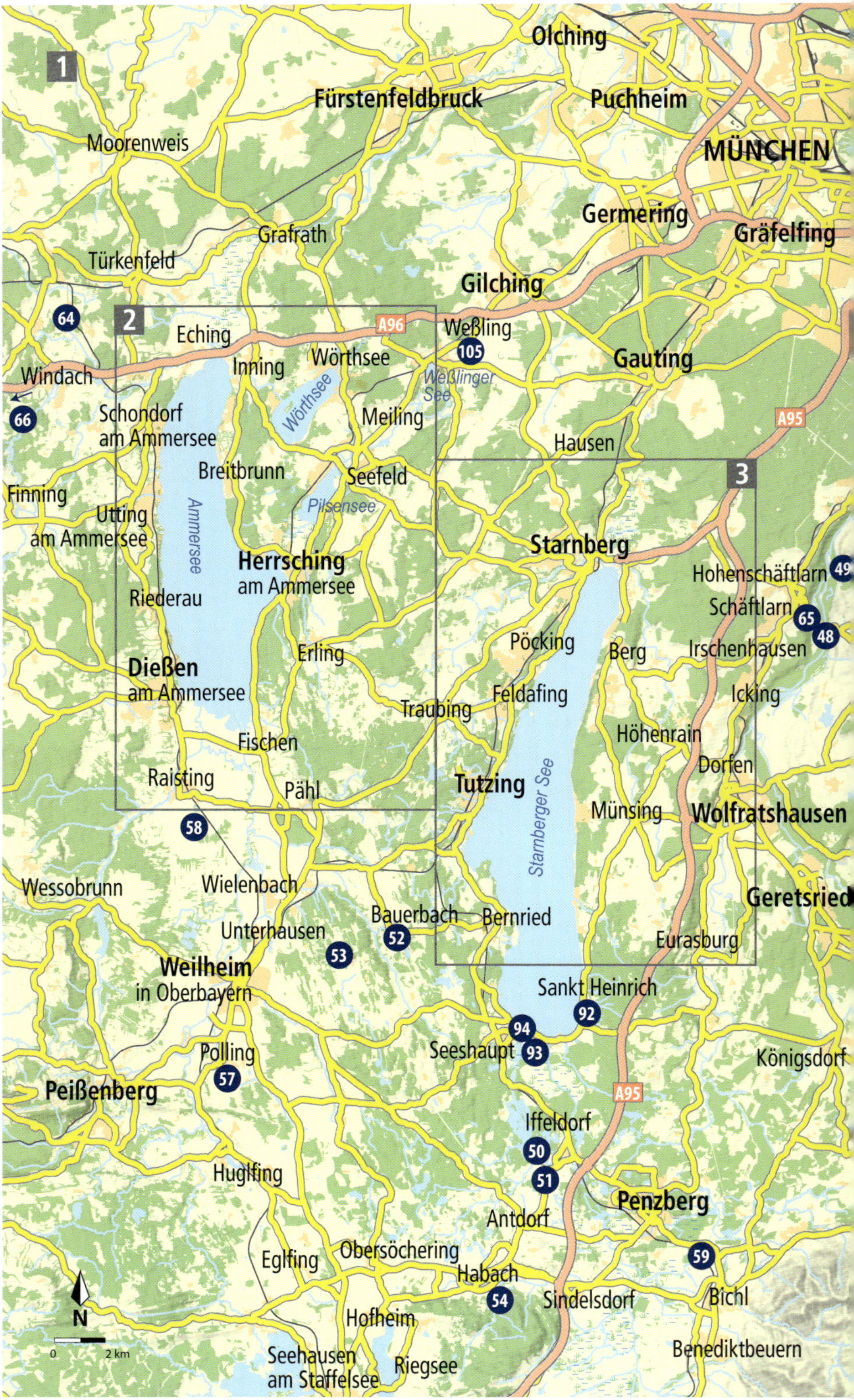
1
Olching
Fürstenfeldbruck
Puchheim
Moorenweis
MÜNCHEN
Germering
Gräfelfing
Grafrath
Türkenfeld
Gilching
64
2
A96
Weßling
105
Eching
Inning
Wörthsee
Windach
Wörthsee
Weßlinger See
Gauting
66
Schondorf am Ammersee
Meiling
A95
Hausen
Breitbrunn
Seefeld
3
Finning
Utting am Ammersee
Pilsensee
Ammersee
Starnberg
Herrsching am Ammersee
Hohenschäftlarn
49
Riederau
Schäftlarn
65
48
Pöcking
Berg
Irschenhausen
Erling
Dießen am Ammersee
Feldafing
Icking
Traubing
Höhenrain
Fischen
Dorfen
Raisting
Pähl
Tutzing
Starnberger See
Münsing
Wolfratshausen
58
Wessobrunn
Wielenbach
Geretsried
Bauerbach
Bernried
Unterhausen
52
53
Eurasburg
Weilheim in Oberbayern
Sankt Heinrich
92
94
Seeshaupt
93
Polling
Königsdorf
57
Peißenberg
A95
Iffeldorf
50
51
Hugllfing
Penzberg
Antdorf
Eglfing
Obersöchering
59
Habach
N
54
Sindelsdorf
Bichl
Hofheim
0
2 km
Benediktbeuern
Seehausen am Staffelsee
Riegsee

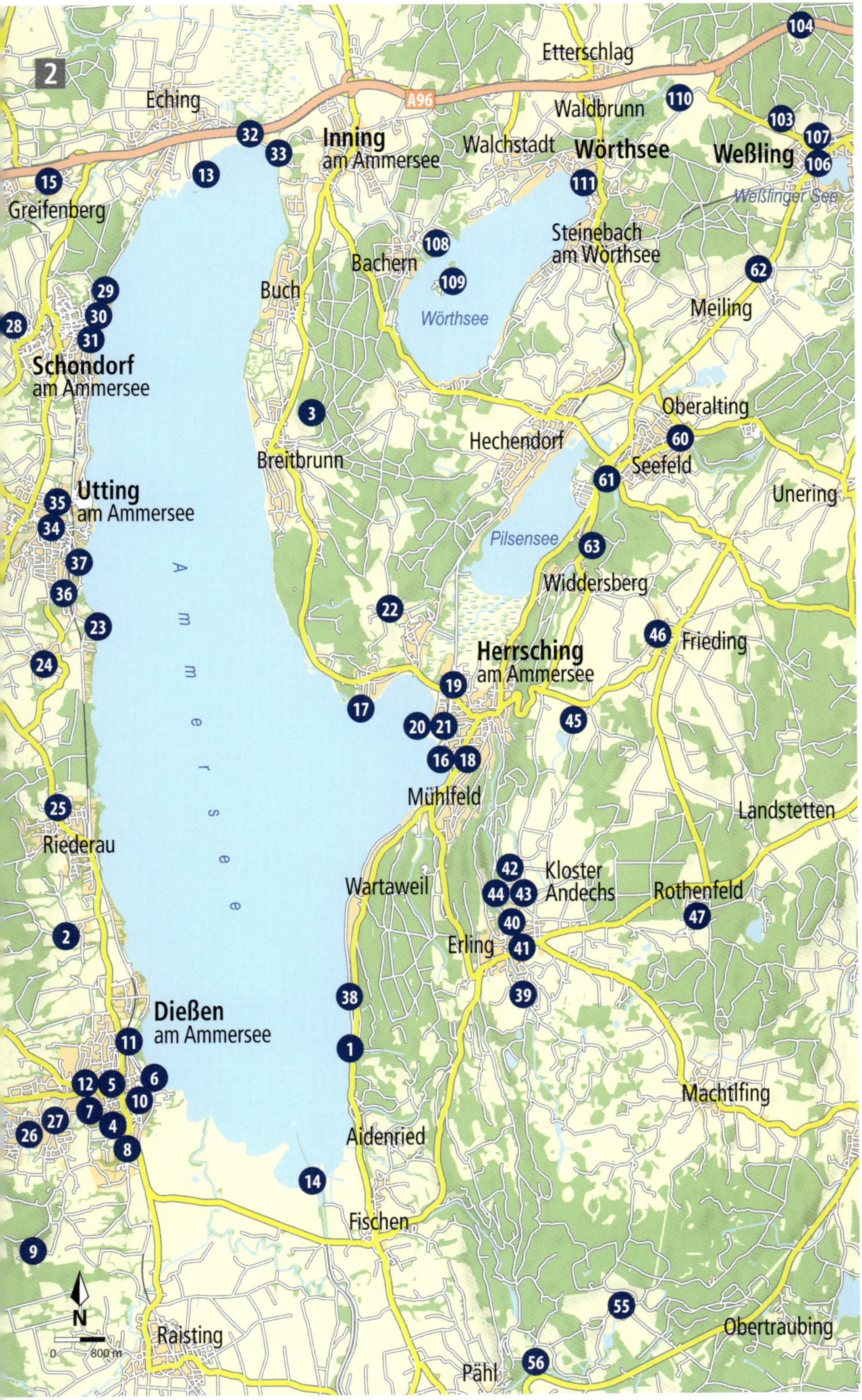
2
Etterschlag
A96
Eching
Inning
am Ammersee
Walchstadt
Waldbrunn
Wörthsee
Weßling
Weßlinger See
Greifenberg
Steinebach
am Wörthsee
Bachern
Buch
Wörthsee
Meiling
Schondorf
am Ammersee
Oberalting
Hechendorf
Seefeld
Breitbrunn
Unering
Utting
am Ammersee
Pilsensee
Widdersberg
Ammersee
Herrsching
am Ammersee
Frieding
Mühlfeld
Landstetten
Riederau
Kloster
Andechs
Rothenfeld
Wartaweil
Erling
Dießen
am Ammersee
Machtlfing
Aidenried
Fischen
N
0
800 m
Raisting
Obertraubing
Pähl

3
Leutstetten
Hanfeld
Hadorf
Wangen
Starnberg
Söcking
Perchting
Percha
Neufahrn
Harkirchen
Maising
Kempfenhausen
Berg
A95
Pöcking
Aschering
Possenhofen
Aufkirchen
Feldafing
Sibichhausen
Icking
Traubing
Allmannshausen
Alpe
Höhenrain
Dorfen
Tutzing
Starnberger See
Wolfratshausen
Ammerland
Münsing
Gelting
Unterzeismering
Achmühle
Degerndorf
Bernried
Ambach
N
0
800 m
67
68
69
70
71
72
73
74
75
76
77
78
79
80
81
82
83
84
85
86
87
88
89
90
91
95
96
97
98
99
100
101
102

Dorothee Fleischmann,
Carolina Kalvelage
111 Orte in Budapest, die man gesehen haben muss
ISBN 978-3-95451-744-2

Floriana Petersen
111 Orte in San Francisco, die man gesehen haben muss
ISBN 978-3-95451-750-3

Andrea Livnat,
Angelika Baumgartner
111 Orte in Tel Aviv, die man gesehen haben muss
ISBN 978-3-95451-703-9

Oliver Schröter, Falk Saalbach
111 Orte in Zürich, die man gesehen haben muss
ISBN 978-3-95451-538-7

Cornelia Lohs
111 Orte in Bern, die man gesehen haben muss
ISBN 978-3-95451-669-8

Giulia Castelli Gattinara,
Mario Verin
111 Orte in Mailand, die man gesehen haben muss
ISBN 978-3-95451-617-9

Cornelia Ziegler,
Chris Sindermann
111 Orte auf Kreta, die man gesehen haben muss
ISBN 978-3-95451-540-0

Dorothee Fleischmann,
Carolina Kalvelage
111 Orte an der Costa Brava, die man gesehen haben muss
ISBN 978-3-95451-561-5

Jo-Anne Elikann
111 Orte in New York, die man gesehen haben muss
ISBN 978-3-95451-512-7

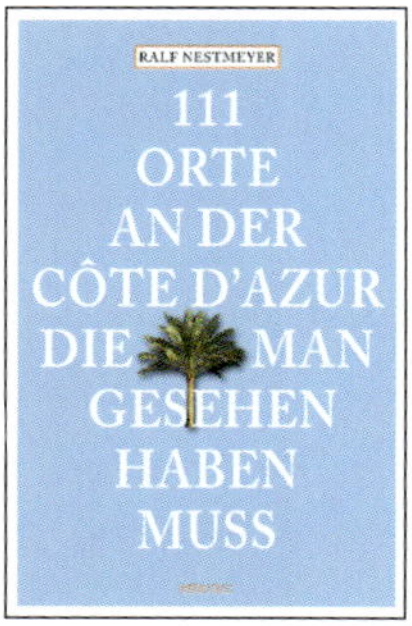

Ralf Nestmeyer
111 Orte an der Côte d'Azur, die man gesehen haben muss
ISBN 978-3-95451-563-9

Jochen Reiss
111 Orte in Nordfriesland, die man gesehen haben muss
ISBN 978-3-95451-627-8

Rüdiger Liedtke,
Laszlo Trankovits
111 Orte in Kapstadt, die man gesehen haben muss
ISBN 978-3-95451-456-4

Gerd Wolfgang Sievers
111 Orte in Venedig, die man gesehen haben muss
ISBN 978-3-95451-352-9

Eckhard Heck
111 Orte in Maastricht, die man gesehen haben muss
ISBN 978-3-95451-368-0

Petra Sophia Zimmermann
111 Orte am Gardasee und in Verona, die man gesehen haben muss
ISBN 978-3-95451-344-4

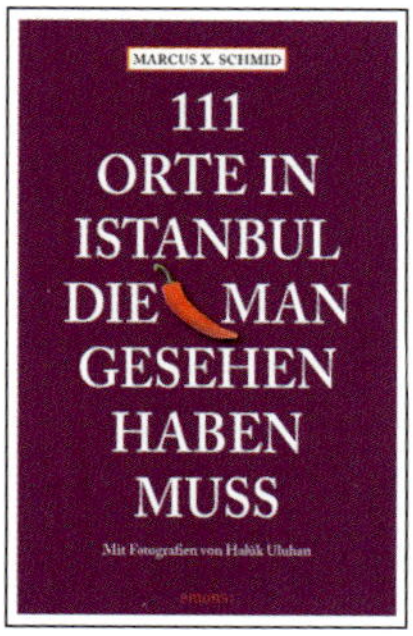

Marcus X. Schmid,
Halûk Uluhan
111 Orte in Istanbul, die man gesehen haben muss
ISBN 978-3-95451-333-8

Christiane Bröcker,
Babette Schröder
111 Orte in Stockholm, die man gesehen haben muss
ISBN 978-3-95451-203-4

Oliver Schröter
111 Orte für echte Männer, die man gesehen haben muss
ISBN 978-3-95451-228-7

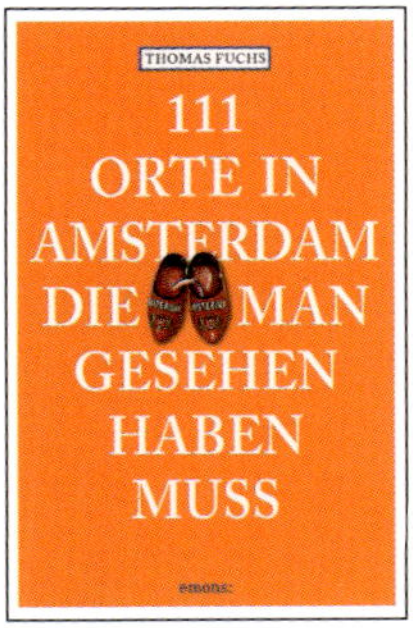

Thomas Fuchs
111 Orte in Amsterdam, die man gesehen haben muss
ISBN 978-3-95451-209-6

Annett Klingner
111 Orte in Rom, die man gesehen haben muss
ISBN 978-3-95451-219-5

John Sykes, Birgit Weber
111 Orte in London, die man gesehen haben muss
ISBN 978-3-95451-117-4

Jochen Reiss
111 Orte in Kiel, die man gesehen haben muss
ISBN 978-3-95451-705-3

Susanne Thiel
111 Orte in Madrid, die man gesehen haben muss
ISBN 978-3-95451-118-1

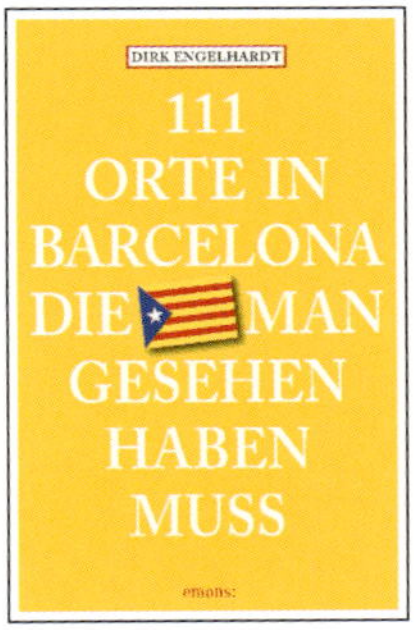

Dirk Engelhardt
111 Orte in Barcelona, die man gesehen haben muss
ISBN 978-3-95451-066-5

Stefan Spath
111 Orte in Salzburg, die man gesehen haben muss
ISBN 978-3-95451-114-3

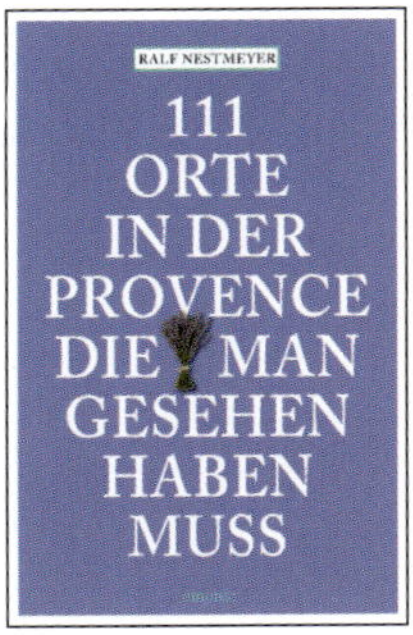

Ralf Nestmeyer
111 Orte in der Provence, die man gesehen haben muss
ISBN 978-3-95451-094-8

Peter Eickhoff, Karl Haimel
111 Orte in Wien, die man gesehen haben muss
ISBN 978-3-89705-969-6

Rike Wolf
111 Orte in Hamburg, die man gesehen haben muss
ISBN 978-3-89705-916-0

Rüdiger Liedtke
111 Orte auf Mallorca, die man gesehen haben muss
ISBN 978-3-89705-975-7

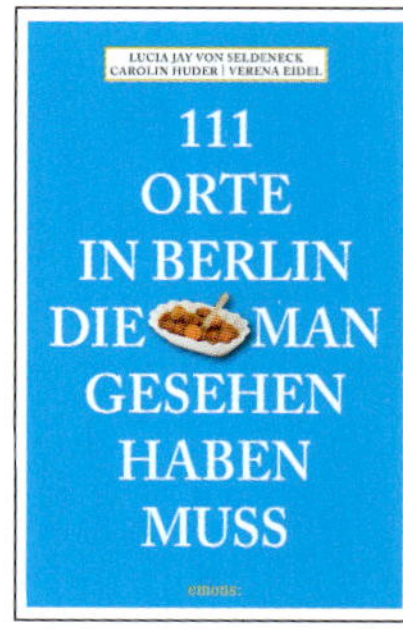

Lucia Jay von Seldeneck, Verena Eidel, Carolin Huder
111 Orte in Berlin, die man gesehen haben muss
ISBN 978-3-89705-853-8

Rüdiger Liedtke
111 Orte in München, die man gesehen haben muss
ISBN 978-3-89705-892-7

Lucia Jay von Seldeneck, Verena Eidel, Carolin Huder
111 Orte in Berlin, die man gesehen haben muss
Band 2
ISBN 978-3-95451-207-2

Bernd Imgrund, Britta Schmitz
111 Kölner Orte, die man gesehen haben muss
Band 1
ISBN 978-3-89705-618-3

Bernd Imgrund, Britta Schmitz
111 Kölner Orte, die man gesehen haben muss
Band 2
ISBN 978-3-89705-695-4

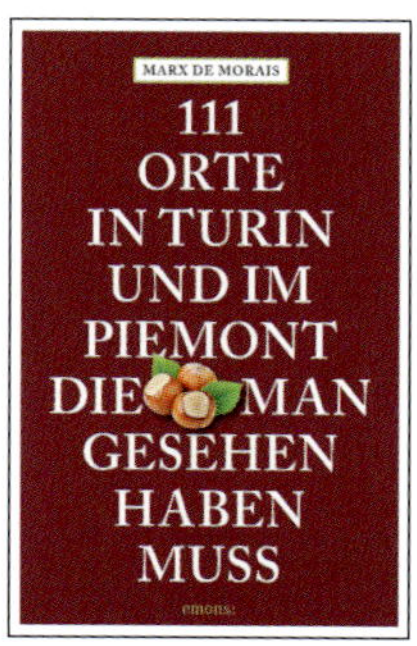

Marx de Morais
111 Orte in Turin und im Piemont, die man gesehen haben muss
ISBN 978-3-95451-736-7

Mercedes Korzeniowski-Kneule
111 Orte in Basel, die man gesehen haben muss
ISBN 978-3-95451-702-2

Barbara Krull
111 Orte im Elsass, die man gesehen haben muss
ISBN 978-3-95451-596-7

Beate C. Kirchner
111 Orte in Florenz und im Norden der Toskana, die man gesehen haben muss
ISBN 978-3-95451-513-4

Sina Beerwald
111 Orte auf Sylt, die man gesehen haben muss
ISBN 978-3-95451-511-0

Gerald Polzer, Stefan Spath
111 Orte in Graz, die man gesehen haben muss
ISBN 978-3-95451-466-3

Frank Baade, Kees Jaratz
111 Fußballorte im Ruhrgebiet, die man gesehen haben muss
ISBN 978-3-89705-929-0

Rüdiger Liedtke
111 Orte in München, die man gesehen haben muss
Band 2
ISBN 978-3-95451-043-6

Rüdiger Liedtke
55 ½ Orte rund ums Oktoberfest, die man gesehen haben muss
ISBN 978-3-95451-370-3

Annett Klingner
55 ½ Orte im Vatikan, die man gesehen haben muss
ISBN 978-3-95451-699-5

Bernd Imgrund
55 ½ Orte auf La Gomera, die man gesehen haben muss
ISBN 978-3-95451-700-8

Der Autor

Jochen Reiss trainiert Medienprofis in Redaktionen in allen Stilformen und Spielarten des Journalismus. An Fachschulen und Akademien für journalistische Aus- und Weiterbildung, an Universitäten und in Unternehmen arbeitet er als Dozent. Er war Chefreporter und Stellvertreter des Chefredakteurs der »Abendzeitung München«, hat viele Jahre am Ufer des Wörthsees gelebt. Seine letzten Buchveröffentlichungen: »111 Orte in Kiel, die man gesehen haben muss«, »111 Orte in Nordfriesland, die man gesehen haben muss« und »Menschen machen Medien. Wie Journalisten wurden, was sie sind. Was sie bewegt – und was sie bewegen«.
Kontakt: jochenreiss@jochenreiss.com.